新时代智库出版的领跑者

国家智库报告 2022（11）
National Think Tank
中国非洲研究院文库·智库系列
新时代中非友好合作

人类命运共同体视域下的中非民间人文交流

赵雅婷 著

THE NONGOVERNMENTAL PEOPLE-TO-PEOPLE AND CULTURAL EXCHANGES BETWEEN CHINA AND AFRICA FROM THE PERSPECTIVE OF A COMMUNITY WITH A SHARED FUTURE FOR MANKIND

中国社会科学出版社

图书在版编目(CIP)数据

人类命运共同体视域下的中非民间人文交流/赵雅婷著 .—北京：中国社会科学出版社，2022.8

（国家智库报告）

ISBN 978-7-5227-0767-9

Ⅰ.①人… Ⅱ.①赵… Ⅲ.①中外关系—文化交流—研究—中国、非洲 Ⅳ.①G125②G140.5

中国版本图书馆 CIP 数据核字（2022）第 148510 号

出 版 人	赵剑英
项目统筹	王 茵 喻 苗
责任编辑	黄 丹 范娟荣
责任校对	周 昊
责任印制	李寡寡

出　　版	中国社会科学出版社
社　　址	北京鼓楼西大街甲 158 号
邮　　编	100720
网　　址	http://www.csspw.cn
发 行 部	010-84083685
门 市 部	010-84029450
经　　销	新华书店及其他书店
印刷装订	北京君升印刷有限公司
版　　次	2022 年 8 月第 1 版
印　　次	2022 年 8 月第 1 次印刷
开　　本	787×1092　1/16
印　　张	11.25
插　　页	2
字　　数	115 千字
定　　价	68.00 元

凡购买中国社会科学出版社图书，如有质量问题请与本社营销中心联系调换
电话：010-84083683
版权所有　侵权必究

《中国非洲研究院文库》
编委会名单

主　任　蔡　昉

编委会　（按姓氏笔画排序）

　　　　　王　凤　　王林聪　　王启龙　　王利民　　安春英
　　　　　邢广程　　毕健康　　朱伟东　　李安山　　李新烽
　　　　　杨宝荣　　吴传华　　余国庆　　张永宏　　张宇燕
　　　　　张忠祥　　张振克　　林毅夫　　罗建波　　周　弘
　　　　　赵剑英　　姚桂梅　　党争胜　　唐志超

充分发挥智库作用
助力中非友好合作

——《中国非洲研究院文库总序言》

  当今世界正面临百年未有之大变局。世界多极化、经济全球化、社会信息化、文化多样化深入发展，和平、发展、合作、共赢成为人类社会共同的诉求，构建人类命运共同体成为各国人民共同愿望。与此同时，大国博弈加剧，地区冲突不断，恐怖主义难除，发展失衡严重，气候变化问题凸显，单边主义和贸易保护主义抬头，人类面临诸多共同挑战。中国是世界上最大的发展中国家，是人类和平与发展事业的建设者、贡献者和维护者。2017年10月中国共产党第十九次全国代表大会胜利召开，引领中国发展踏上新的伟大征程。在习近平新时代中国特色社会主义思想指引下，中国人民已经实现了第一个百年奋斗目标，正在意气风发向着全面建成社会主义现代化强国的第二个百年奋斗目标迈进，同时继续努力为人类作出新的更大贡献。

非洲是发展中国家最集中的大陆，是维护世界和平、促进全球发展的重要力量之一。近年来，非洲在自主可持续发展、联合自强道路上取得了可喜进展，从西方眼中"没有希望的大陆"变成了"充满希望的大陆"，成为"奔跑的雄狮"。非洲各国正在积极探索适合自身国情的发展道路，非洲人民正在为实现《2063年议程》与和平繁荣的"非洲梦"而努力奋斗。

中国与非洲传统友谊源远流长，中非历来是命运共同体。中国高度重视发展中非关系，2013年3月习近平担任国家主席后首次出访就选择了非洲；2018年7月习近平连任国家主席后首次出访仍然选择了非洲；6年间，习近平主席先后4次踏上非洲大陆，访问坦桑尼亚、南非、塞内加尔等8个国家，向世界表明中国对中非传统友谊倍加珍惜，对非洲和中非关系高度重视。在2018年中非合作论坛北京峰会上，习近平主席指出："中非早已结成休戚与共的命运共同体。我们愿同非洲人民心往一处想、劲往一处使，共筑更加紧密的中非命运共同体，为推动构建人类命运共同体树立典范。"2021年中非合作论坛第八届部长级会议上，习近平主席首次提出了"中非友好合作精神"，即"真诚友好、平等相待，互利共赢、共同发展，主持公道、捍卫正义，顺应时势、开放包容"。这是对中非友好合作丰富内涵的高度概括，是中非双方在争取民族独立和国家解放的历史进程中培育的宝贵财富，是中非双方在发展振兴和团结协作的伟大征程上形成的重要风范，体现了友好、平等、共赢、正义的鲜明特征，是新型国际关系的时代标杆。

随着中非合作蓬勃发展，国际社会对中非关系的关注度不断提高，出于对中国在非洲影响力不断上升的担忧，西方国家不时泛起一些肆意抹黑、诋毁中非关系的奇谈怪论，诸如"新殖民主义论""资源争夺论""中国债务陷阱论"等，给中非关系发展带来一定程度的干扰。在此背景下，学术界加强对非洲和中非关系的研究，及时推出相关研究成果，提升中非国际话语权，展示中非务实合作的丰硕成果，客观积极地反映中非关系良好发展，向世界发出中国声音，显得日益紧迫和重要。

以习近平新时代中国特色社会主义思想为指导，中国社会科学院努力建设马克思主义理论阵地，发挥为党和国家决策服务的思想库作用，努力为构建中国特色哲学社会科学学科体系、学术体系、话语体系作出新的更大贡献，不断增强我国哲学社会科学的国际影响力。中国社会科学院西亚非洲研究所是遵照毛泽东主席指示成立的区域性研究机构，长期致力于非洲问题和中非关系研究，基础研究和应用研究并重。

以中国社会科学院西亚非洲研究所为主体于2019年

4月成立的中国非洲研究院，是习近平主席在中非合作论坛北京峰会上宣布的加强中非人文交流行动的重要举措。自西亚非洲研究所及至中国非洲研究院成立以来，出版和发表了大量论文、专著和研究报告，为国家决策部门提供了大量咨询报告，在国内外的影响力不断扩大。按照习近平总书记致中国非洲研究院成立贺信精神，中国非洲研究院的宗旨是：汇聚中非学术智库资源，深化中非文明互鉴，加强治国理政和发展经验交流，为中非和中非同其他各方的合作集思广益、建言献策，为中非携手推进"一带一路"合作、共同建设面向未来的中非全面战略合作伙伴关系、构筑更加紧密的中非命运共同体提供智力支持和人才支撑。中国非洲研究院有四大功能：一是发挥交流平台作用，密切中非学术交往。办好"非洲讲坛""中国讲坛""大使讲坛"，创办"中非文明对话大会""非洲留学生论坛""中国非洲研究年会"，运行好"中非治国理政交流机制""中非可持续发展交流机制""中非共建'一带一路'交流机制"。二是发挥研究基地作用，聚焦共建"一带一路"。开展中非合作研究，对中非共同关注的重大问题和热点问题进行跟踪研究，定期发布研究课题及其成果。三是发挥人才高地作用，培养高端专业人才。开展学历学位教育，实施中非学者互访项目，扶持青年学者和培养高端专业人才。四是发挥传播窗口作用，讲好中非友好故事。办好中国非洲研究院微信公众号，办好中英文中国非洲研究院网站，创办多语种《中国非洲学刊》。

为贯彻落实习近平主席的贺信精神，更好汇聚中非学术智库资源，团结非洲学者，引领中国非洲研究队伍提高学术水平和创新能力，推动相关非洲学科融合发展，推出精品力作，同时重视加强学术道德建设，中国非洲研究院面向全国非洲研究学界，坚持立足中国，放眼世界，特设"中国非洲研究院文库"。"中国非洲研究院文库"坚持精品导向，由相关部门领导与专家学者组成的编辑委员会遴选非洲研究及中非关系研究的相关成果，并统一组织出版。文库下设五大系列丛书："学术著作"系列重在推动学科建设和学科发展，反映非洲发展问题、发展道路及中非合作等某一学科领域的系统性专题研究或国别研究成果；"学术译丛"系列主要把非洲学者以及其他地方学者有关非洲问题研究的学术著作翻译成中文出版，特别注重全面反映非洲本土学者的学术水平、学术观点和对自身发展问题的见识；"智库报告"系列以中非关系为研究主线，中非各领域合作、国别双边关系及中国与其他国际角色在非洲的互动关系为支撑，客观、准确、翔实地反映中非合作的现状，为新时代中非关系顺利发展提供对策建议；"研究论丛"系列基于国际格局新变化、中国特色社会主义进入新时代，集结中国专家学者研究非洲政治、经济、安全、社会发展等方面的重大问题和非洲国际关系的创新性学术论文，具有基础性、系统性和标志性研究成果的特点；"年鉴"系列是连续出版的资料性文献，分中英文两种版本，设有"重要文献""热点聚焦""专题特稿""研究综述""新书选介""学刊简介""学术机构""学术动态""数据统计""年度大事"等栏目，系统汇集每年度非洲研究的新观点、新动态、新成果。

期待中国的非洲研究和非洲的中国研究在中国非洲研究院成立新的历史起点上，凝聚国内研究力量，联合非洲各国专家学者，开拓进取，勇于创新，不断推进我国的非洲研究和非洲的中国研究以及中非关系研究，从而更好地服务于中非共建"一带一路"，助力新时代中非友好合作全面深入发展，推动构建更加紧密的中非命运共同体。

中国非洲研究院

摘要： 人文交流是新时代中国特色大国外交体系中与政治安全合作和经贸合作并列的三大对外政策支柱之一。2012年，党的十八大报告明确提出，要倡导人类命运共同体意识，在追求本国利益时兼顾他国合理关切。① 2017年，党的十九大报告指出，在推动构建人类命运共同体过程中，要尊重世界文明多样性，以文明交流超越文明隔阂、文明互鉴超越文明冲突、文明共存超越文明优越。② 人文交流关乎文化与文明的交流互鉴，为此，加强中外人文交流，增进民心相通对于构建人类命运共同体具有重要的理论与现实意义。

2013年3月，习近平主席访问坦桑尼亚尼时首次提出了中非命运共同体的概念。他在坦桑尼亚尼雷尔国际会议中心发表的题为《永远做可靠朋友和真诚伙伴》的重要演讲中指出，中非从来都是命运共同体，共同的历史遭遇，共同的发展任务，共同的战略利益把我们紧紧联系在一起。③ 因此，中非命运共同体是人类命运共同体的重要组成部分，对于推动构建人类命运共同体具有重要意义。鉴于此，加强中非人文交流

---

① 《中共首提"人类命运共同体" 倡导和平发展共同发展》，人民网，2012年11月11日，http://cpc.people.com.cn/18/n/2012/1111/c350825-19539441.html。

② 习近平：《决胜全面建成小康社会 夺取新时代中国特色社会主义伟大胜利》，《人民日报》2017年10月28日。

③ 习近平：《永远做可靠朋友和真诚伙伴》，《人民日报》2013年3月26日。

成为深化中非合作的重要手段。21世纪以来，随着中非合作论坛的机制化，中非人文交流取得了极大的进展。2015年12月，中非合作论坛约翰内斯堡峰会将中非关系提升为全面战略合作伙伴关系，并将"文明上交流互鉴"作为构筑中非关系的重要支柱，还提出人文交流的合作计划。2018年，习近平主席出席中非合作论坛北京峰会时强调，"中非要携起手来，共同打造责任共担、合作共赢、幸福共享、文化共兴、安全共筑、和谐共生的中非命运共同体"，此番讲话赋予中非人文交流，特别是中非民间人文交流更加丰富而深刻的意义。

百年未有之大变局下，国际力量格局发生重大变化，"东升西降"态势明显，国际秩序进入快速变动期。2020年新冠肺炎疫情全球大流行这一突发事件，加速了国际环境与体系的不稳定性。当前，美国将中国视为头号竞争对手，实行全面打压政策。美国在全球多个地区战略收缩，集中力量全方位遏制中国崛起。拜登上台后，大力开展"价值观外交"，认为全球民主受到"威权主义"的威胁，加大力度在世界范围内宣传西方"普世价值"，于2021年12月召开"全球民主峰会"，在价值观领域对中国发起强烈攻势。与此同时，西方国家多年来通过意识形态输出、扶持代理人、运用援助工具等多重手段提升软实力，维持对发展中国家的影响力。受历史和现实因素的双重影响，西方国家同非洲的人文交流活动更加丰富，形式更加多样，切实影响了非洲青年一代。这些因素对中非关系持续发展造成负面影响，应给予高度重视。

常言道："国之交在于民相亲，民相亲在于心相通"。自2000年中非合作论坛合作机制建立以来，中非交往全面提速，中非合作全面深化。与当前火热的中非政治往来、经贸关系相比，中非间的人文交流相对滞后，有较大的发展空间。多年来，中非人文交流主要由中国政府牵头，以自上而下的方式开展。民间人文交流则比较零散，多伴生于经济活动中。受新冠肺炎疫情冲击，国际航班缩减、跨境旅行受限，中非民间人文交流诸多活动亦受负面影响。中非民间人文交流虽存在诸多问题与发展障碍，但从长远看，积极推进人文交流是中非关系行稳致远的重要保障。本报告旨在国际关系领域内结合人类命运共同体的视角对中非民间人文交流进行研究，以期为中非民间人文交流的未来发展提供思路与可行对策。

关键词：人文交流；中非关系；民间；人类命运共同体

Abstract: People-to-people and cultural exchanges is one of the three major foreign policy pillars of China's major-country diplomacy with Chinese characteristics for the new era, along with political and security cooperation and economic and trade cooperation. In 2012, the report of the 18th National Congress of the Communist Party of China made it clear that we should advocate a consciousness of community with a shared future for mankind and accommodate the legitimate concerns of other countries while pursuing our own interests. In 2017, the report of the 19th National Congress of the Communist Party of China pointed out that in the process of building of a community with a shared future for mankind, we should respect the diversity of civilizations. In handling relations among civilizations, let us replace estrangement with exchange, clashes with mutual learning, and superiority with coexistence. People-to-people exchanges are about the exchange and mutual learning of cultures and civilizations. Therefore, strengthening people-to-people and cultural exchanges between China and foreign countries and enhancing people-to-people bonds has important theoretical and practical significance for building a community with a shared future for mankind.

In March 2013, President Xi Jinping first proposed the concept of the China-Africa community with a shared future when he visited Tanzania. In his important speech entitled "Remaining Reliable Friends and Faithful Partners Forever" at the Julius Nyerere International Convention Center in Dar es Salaam, he pointed out that China and Africa have always been a community of shared destinies, and similar historical experiences, common development tasks, as well as shared strategic interests have bound the two sides together. Therefore, the China-Africa community with a shared future is an important part of the community with a shared future for mankind, and it is of great significance for promoting the construction of a community with a shared future for mankind. In view of this, strengthening China-Africa people-to-people and cultural exchanges has become an important approach of deepening China-Africa cooperation. Since the 21st century, with the institutionalization of the Forum on China-Africa Cooperation, the people-to-people and cultural exchanges between China and Africa have made great progress. In December 2015, the FOCAC Johannesburg Summit elevated China-Africa relations to a comprehensive strategic partnership of cooperation, and took "civilizational exchanges and mutual learning" as an important pillar for building China-Africa relations, and also proposed a cooperation plan for people-to-people and cultural exchanges. In 2018, when President Xi Jinping attended the FOCAC Beijing Summit, he emphasized that "let us build a China-Africa community with a shared future that assumes our joint responsibility, pursues win-win cooperation, delivers happiness for all of us, enjoys cultural prosperity, enjoys common security, and promotes harmony between man and nature". This speech endowed people-to-people and cultural exchanges between China and Africa, especially the nongovernmental people-to-people exchanges, with richer and more profound significance.

Under the profound changes unseen in a century, the international power structure has undergone major changes. The trend of "rising in the east and falling in the west" is obvious, and the international order has entered a period of rapid change. The COVID-19 pandemic has accelerated the instability of the international environment and system. At present, the United States regards China as its number one competitor and implements a comprehensive suppression policy. The US is strategically shrinking in many regions of the world, concentrating its efforts to contain China's rise in an all-round way. After Biden took office, he vigorously carried out "value diplomacy", believing that global democracy is threatened by "authoritarianism", and intensified efforts to publicize Western "universal values" around the world. He held the "The Summit for Democracy" in December 2021, launched a strong offensive against China in the field of values. At the same time, the Western countries have improved their soft power and maintained their influence on developing countries through ideological export, support agents, and aid tools for many years. Affected by both historical and practical factors, the cultural exchanges between the Western countries and Africa are more abundant and diversified, which has effectively affected the young generation of Africa. These factors have a negative impact on the sustainable development of China-Africa relations and should be given great attention.

As the saying goes: "Friendship, which derives from close contact between the people, holds the key to sound state-to-state relations." Since the establishment of the FOCAC in 2000, China-Africa exchanges have been accelerated in an all-round way, and it has been comprehensively deepened. Compared with the current enthusiastic political exchanges and economic and trade relations between China and Africa, the people-to-people and cultural exchanges between China and Africa are relatively lagging behind, and it need to develop. Over the years, people-to-people and cultural exchanges between China and Africa has been mainly led by the Chinese government and carried out in a top-down manner. Nongovernmental people-to-people and cultural exchanges is relatively scattered, and is mostly associated with economic activities. Affected by the COVID-19 pandemic, international flights have been reduced, cross-border travel has been restricted, and many activities of people-to-people and cultural exchanges between China and Africa have also been negatively affected. Although there are many problems and obstacles to the development of people-to-people exchanges between China and Africa, in the long run, actively promoting people-to-people exchanges is an important guarantee for the stability and long-term development of China-Africa relations. This report aims to explore people-to-people and cultural exchanges between China and Africa from the perspective of a community with a shared future for mankind in the field of international relations, in order to provide ideas and feasible countermeasures for the future development of nongovernmental China-Africa people-to-people exchanges.

Key Words: People-to-People and Cultural Exchanges, China-Africa Relations, Nongovernmental, a Community with a Shared Future for Mankind

目　　录

一　中非民间人文交流：概念、现状与问题 ……（1）
　（一）中非民间人文交流的概念界定 …………（2）
　（二）中非民间人文交流的现状与特征 ………（6）
　（三）当前中非民间人文交流存在的问题 ……（17）

二　人类命运共同体视域下中非民间人文交流的
　　学理分析 ………………………………………（22）
　（一）人类命运共同体视域下中非民间人文
　　　　交流的理论基础 ………………………（23）
　（二）人类命运共同体视域下推进中非民间
　　　　人文交流的理念与指导原则 …………（29）
　（三）人类命运共同体视域下推进中非民间
　　　　人文交流的意义 ………………………（33）

三 中非民间人文交流：营利性组织············（38）
（一）参与中非民间人文交流的营利性组织：
作用、现状与问题············（39）
（二）世界范围内他国具体做法············（49）
（三）推进营利性组织之间人文交流的相关
对策············（54）

四 中非民间人文交流：非营利性组织············（60）
（一）参与中非民间人文交流的非营利性组织的
现状············（60）
（二）参与中非民间人文交流的非营利性组织的
特征与存在的问题············（68）
（三）推进非营利性组织之间人文交流的
相关对策············（73）

五 中非民间人文交流：知识界············（77）
（一）中非民间人文交流中知识界的现状、
特征与问题············（77）
（二）世界范围内他国的相关做法············（97）
（三）推进中非知识界开展民间人文交流的
建议············（102）

六 中非民间人文交流：华人华侨 …………（108）
 （一）非洲华人华侨的群体特征及面临
   问题 …………………………………（108）
 （二）华侨华人在推进中非民间人文交流中的
   独特作用 ……………………………（117）
 （三）促进华侨华人发挥更佳作用的对策
   建议 …………………………………（123）

七 推进中非民间人文交流之对策总结 ………（130）
 （一）改善组织类人文交流的建议 …………（131）
 （二）改善民众类人文交流的建议 …………（137）
 （三）民间人文交流与中非关系的持续
   发展 …………………………………（140）

参考文献 ………………………………………（144）

一　中非民间人文交流：概念、现状与问题

中非交往源远流长。大约在公元650年，唐朝旅行家杜环西行时，随大食国的使团周游西亚，经过埃及、苏丹到达埃塞俄比亚的摩邻国，杜环因此被视为第一个到达非洲的中国人。此后明朝时期，郑和船队七下西洋，到达了今天东非的索马里、肯尼亚等国，并与当地民众进行了深入的交流，这是中非间有确切历史记载及史料证据的最早的人文交流活动。到20世纪，世界各地掀起轰轰烈烈反帝反殖民浪潮时，中国与非洲国家相互支持，彼此交流，结下了深厚的情谊。60多年来，中国作为世界上最大的发展中国家，非洲作为发展中国家最集中的大陆，双方友谊经受住了时间和国际变化的考验，尤其在2000年中非合作论坛成立后，中非人文交流走上了快车道。中国特色社会主义进入新时代以来，构建人类命运共同体成为中国对

外交往的重要理念，中非友好合作焕发新的生机。中非人文交流逐渐增多，在内容、形式、领域、渠道等方面均有重大发展。与此同时，中非民间往来也越发频繁。中非民间人文交流的概念因此诞生。本章将对这一概念进行界定，进而梳理中非民间人文交流的现状，并阐述其中存在的问题。

（一）中非民间人文交流的概念界定

中非民间人文交流从字面理解，应该包括中非、民间和人文交流三项内容。其中，中非是参与主体，即中国和非洲国家；民间是与官方相对应的概念，主要指民众之间；人文交流（people-to-people exchange）是从中国传统文化中汲取营养而进行的理论创新。

"人文"一词源于中国古籍《周易》："刚柔交错，天文也。文明以止，人文也。观乎天文，以察时变，观乎人文，以化成天下。"① 广义上的"人文"就是指人类自然活动创造出来的文化。其中，文化是指人类在繁衍发展过程中适应自然或周边环境而逐步积累的与生活相关的知识或经验。结合东西方词典中对文化的解释，可将文化定义为：相对于政治、经济而言的

---

① 黄寿祺、张善文：《周易译注》，上海古籍出版社2007年版，第155页。

人类全部精神活动及其活动产品。但"人文"比"文化"内容更丰富，不仅在语义上包含后者，而且还突出"人"的特性。人文二字的核心在于人，突出了"以人文本"的关怀。

"交流"通常指人与人之间把自身所拥有的东西与对方分享，以及彼此的对话与沟通，可见交流包括物质层面也包括文化方面。因此，交流一般需要前提条件：一是存在交流的双方，单个行为体不具备开展交流的基础；二是具有双方开展交流的内容；三是存在彼此进行沟通的互动行为。

人文交流有着非常广泛而丰富的内容。从广义上讲，人文交流泛指人类社会的各种文化现象，涵盖一切以人为载体的各个领域的社会活动。从狭义上讲，人文交流主要指人们对所创造的非物质文化财富进行交流的社会实践活动，包括多个人类文化领域的沟通和互动行为。具体到国家而言，人文交流主要是以人员交流、文化交流和思想交流为主要内容，以国家间民众的互动、互识和互知为目的，直接感受相互间思想文化的交汇、碰撞和吸引。[①] 那么，中非民间人文交流根据上述阐释，应定义为中国同非洲国家之间在人员、思想、文化等非物质领域的接触、沟通与互动。通过

---

① 邢丽菊：《中外人文交流概论》，世界知识出版社2021年版，第64页。

有效的人文交流，中非民众将加深彼此了解与认知，这对于促进民心相通、筑牢中非友谊、推动中非关系提质增效都具有重要的意义。

人文交流是一种制度化的沟通活动。它在获得国际公认的国与国以及它们的人民之间展开，由此创造出一定的公共产品并对其进行有效管理和分配。[①] 其具有两个基本特征：一是人文交流从根本上是关乎沟通和交流的活动；二是人文交流使得更多行为体具备成为国际关系参与者的可能性。在这里，人文交流需要与文化交流、文化外交等内容相鉴别。文化交流一般是文化产品间的交换与流动，而人文交流强调人这一主体，侧重思想文化沟通。文化外交最大的特点在于其是政府行为，由政府主导和推动并针对国外特定群体开展的文化往来，其目的在于输出与传播一国的文明、文化以及观念等。与文化外交相似的公共外交与民间外交也属于外交范畴，带有国家主导性。如此看来，人文交流的视野更为广阔和包容，重在潜移默化中加深不同地区的民心相通。

鉴于人文交流是不同文化、不同地域、不同国家间的民心沟通，在当前的国际语境下，其势必与

---

① 刘永涛：《人文交流：概念、视野和运行机制》，载邢丽菊、张骥主编《中外人文交流与新型国际关系构建》，世界知识出版社2019年版，第37页。

国际关系有着千丝万缕的联系。因此，在国际关系领域，人文交流有着多重含义。其一，人文交流是有效的沟通桥梁，为两国关系的发展奠定坚实的民意基础。两国之间如需增进友好关系，首先应考虑通过开展民众交往和文化交流的方式。其二，人文交流是软力量的体现，其在方式方法上更加柔和且具有人文关怀。它直接以民众作为出发点和落脚点，不仅可"淡化宣传的政治色彩"，而且使普通民众更为"直观地感受来自他国的文化感染力以及蕴含其中的善意"。① 其三，人文交流是一种不可替代的社会实践。与军事交流或贸易往来不同，开展人文交流的成本更低，涉及的领域和范围更广，参与者人数更多，可以因地制宜地开展，使培植国家之间民意基础的土壤无处不在。②

从上述对人文交流、国际关系、文化外交等概念的梳理与概括中发现，文化外交属于人文交流的一部分，政府开展文化外交的目的是发展国家间关系，维护自身利益。由于人文交流囊括的范围更加广泛，因此，积极推进人文交流将在改善国家形象、增进国家

---

① 郝平：《中美新型大国关系的铺路石》，《人民日报》2015年6月18日。
② 刘永涛：《人文交流：概念、视野和运行机制》，载邢丽菊、张骥主编《中外人文交流与新型国际关系构建》，世界知识出版社2019年版，第42—43页。

间关系的实质发展中发挥至关重要的作用。

（二）中非民间人文交流的现状与特征

从历史来看，中非之间早在公元前 2 世纪的汉朝时期就有货物往来。唐朝时期，陆上丝绸之路与海上丝绸之路的快速发展使得中非间有了人员往来。除上文提及的杜环外，唐朝史书最早记录了非洲黑人来华的情况。贞观二年（公元 628 年），舒奈使者（一名黑人）通过海上丝绸之路到达中国。贞观十三年，甘棠黑人使者与疏勒、朱俱波共贡方物，他们当时是通过中非陆上丝绸之路与疏勒等国使者共同来华的。[①] 在宋代，我国与非洲建立了最早的外交关系，当时外交使团到达了东非海岸的桑给巴尔。元朝时期，更有中国使节及旅行家到达马达加斯加和北非马格里布地区的记录。明朝时期，郑和下西洋为中非间的人文交流画上了浓墨重彩的一笔。而到了清朝时期，由于殖民与奴隶贸易等影响，中非间的交流陷入低潮。但在反抗帝国主义剥削和压迫、追求民族解放事业的过程中，中非民众再次团结起来，相互支持，结下了深厚的友谊，为中华人民共和国成立后中非人文交流打下了坚

---

① 景兆玺：《试论唐代的中非交通》，《西北第二民族学院学报》（哲学社会科学版）2000 年第 2 期。

实的历史基础。

中华人民共和国成立后,中国通过万隆会议、不结盟运动以及77国集团等与广大非洲国家为建立国际政治经济新秩序而努力。在困难时期,中国依然积极援助非洲,参与了修建"坦赞铁路"、派遣医疗队、建设"马里糖厂"等项目。此时,一些来往于中非间的技术人才及工人与当地居民之间进行了人文交流活动。不过,由于总体经贸、文化等往来较少,中非关系主要是政治领域的往来,中非间人文交流也受政府主导,民间交流较少。

2000年中非合作论坛首届部长级会议召开后,这一状况得到显著改善。2009年,中非合作论坛第四次部长级会议正式发布《中非合作论坛——沙姆沙伊赫行动计划(2010—2012)》,将中非关系提升至"全方位合作"的"新兴战略伙伴关系"。2015年,中非合作论坛约翰内斯堡峰会上,中非共同将"坚持文明上交流互鉴"作为夯实和加强双边关系的五大支柱之一。2018年,中非合作论坛北京峰会上,"人文合作"被列为"八大行动"之一。在中非合作论坛这一中非最大合作平台的保驾护航下,中非人文交流活动开始如火如荼地展开。

1. 中非民间人文交流的现状

文化是中非交往的重要纽带,中非传统文化都强调人与自然的和谐相处，注重感性思维和重视情谊，具有强烈的集体主义与家庭观念，倡导独立自主发展等理念，这些都成为中非文化交流与中非跨文明对话的基础。① 2000 年以来，中非在政治、经贸、安全、社会、文化等领域的交往日益增多。尤其是经贸领域，中非贸易额在 2000 年时约 200 亿美元，2018 年便突破 2000 亿美元大关，短短十几年内增长十倍。即便受新冠肺炎疫情的强烈冲击，中非经贸关系一直保持高位运行。中国商务部副部长钱克明在答记者会上提及，2021 年 1—9 月，中国与非洲经济贸易合作的各项指标均呈现上升态势。其中，中非贸易额达到历史最高水平，为 1852 亿美元，同比增长 38.2%。中国对非洲全行业直接投资总量达到 25.9 亿美元，同比增长 9.9%，已超过疫情前 2019 年的同期水平。中国企业在非新签承包合同额 535 亿美元，完成营业额 269 亿美元，同比分别增长 22.2% 和 11.6%。这些数字充分显示出中国企业对非洲未来发展和非洲市场前景的信心。②

中非合作在经贸领域的长期高速发展带动了中非人文交流，尤其是民间人文交流的升温。其一，中非

---

① 陈嘉雷：《探索中非文化交流合作新路径——中非文化合作交流示范区建设研讨会综述》，《非洲研究》2018 年第 2 期。
② 《商务部：前 9 月中非贸易额 1852 亿美元 达历史同期最高》，人民网，2021 年 11 月 17 日，http://finance.people.com.cn/n1/2021/1117/c1004-32284858.html。

经贸合作互利共赢，中国关注非洲民生发展，以改善非洲民生为目标的人文往来增长迅速。中国同非洲的经贸往来与西方国家有显著的区别。由于双方共同的历史经历和发展中国家定位，中非合作秉持平等友好、团结互利的理念。中国通过改革开放并探索有效的发展治理路径，处理好改革、发展和稳定之间的关系，实现了发展中国家在世界经济体系中从边缘逐步向半边缘再向中心的跨越。中国通过合理规划，开展精准扶贫，在2020年年底实现了全国832个贫困县全部脱贫摘帽，积累了丰富的减贫经验。中国深知非洲对于发展及改善民生的需求，因此，中非合作也聚焦民生改善，帮助非洲改善发展能力，提升自主选择权。根据《新时代的中非合作》白皮书，截至目前，中非合作成果遍布众多领域。其中，中国在非洲建设的各项基础设施包括超过6000千米的铁路和公路、近20个港口和80多个大型电力设施；中国援建了130多个医疗设施、45个体育馆和170多所学校，在民生领域有效维护和改善了非洲民众的福祉。贸易投资方面，中国对非直接投资存量比2000年中非合作论坛成立之初增长了100倍，3700多家中国企业在非洲各地投资兴业，为非洲经济持续增长提供强劲动力。① 由经贸和改

---

① 《支持非洲发展是国际社会共同责任》，光明网，2021年1月13日，https://m.gmw.cn/baijia/2021-01-13/1302031073.html。

善民生基础设施建设带来的中非往来中，中非民众交往呈几何级数增长，大批中资企业遵守当地法律法规、雇用大量非洲工人、保护环境、为当地经济增长等作出了不可磨灭的贡献，受到非洲民众的普遍好评。

其二，在中国非洲人民友好协会（以下简称"中非友协"）、中国民间组织国际交流促进会（以下简称"中促会"）等民间组织的引领和推动下，中非民间人文交流稳步推进。中非友协成立于1960年4月，是由中国人民对外友好协会和工、青、妇等17个全国性人民团体发起的全国性民间团体。中促会推动举办了六届中非民间论坛，在中非民间人文交流中发挥了重要作用。20多年来，中非间的各类民间团体与华侨华人组织越发活跃，其通过举办多种交流论坛，发布倡议引领行动等，在中非民间人文交流中发挥了重要作用。截至2020年，中国政府已累计向16个非洲国家派遣484名青年志愿者。中国已与53个非洲国家100多个妇女机构（组织）建立联系和交往。中国在毛里求斯、莱索托、吉布提、津巴布韦和苏丹等国建立中非妇女友好交流（培训）中心。[①]

其三，中非民间人文交流覆盖领域越发丰富，双方在教育、医药与公共卫生、青年、旅游、文化创意

---

① 《新时代的中非合作》，新华网，2021年11月26日，http://www.news.cn/world/2021-11/26/c_1128101798.htm。

产业、遗产保护、智库以及地方等领域的合作成为新的亮点。第一届中非合作论坛中，关于文化合作的内容仅提及"扩大文化交流，尤其是高层文化代表团、艺术和体育团组的互访，增加各类艺术展览和增加对对方文化的研究和介绍"。而第二届中非合作论坛通过的纲领性文件则有4个条款涉及文化交流与合作，《北京行动计划》包括了"民间交往"内容。[①] 到第五届中非合作论坛时，中非人文交流与合作已成为双边政策文件中的独立章节，双方合作的领域更加广泛。其中，文化和旅游活动发展如火如荼，截至2020年12月，中非签署并落实了346个双边政府文化协定执行计划。2013—2020年，中方组派艺术团赴非140国（次）举办演出。在影视和智库方面，中国企业为1300万非洲用户提供11种语言、600多个频道的节目资源。近年来，中国对约200部中国优秀视听作品进行面向非洲的多语种译制，在十余个非洲国家举办中国电影展映展播活动，每年都有一定数量的非洲影片在中国电影节上展映。中非双方学术研究机构、智库、高校开展课题研究、学术交流、著作出版等多种形式的合作，优先支持开展治国理政、发展道路、产能合作、文化与法律等课题研究与成果分享，推动壮大中

[①] 李安山：《中非合作的基础：民间交往的历史、成就与特点》，《西亚非洲》2015年第3期。

非学术研究力量。①

其四，受新冠肺炎疫情影响，中非民间人文交流活动受限，但中非合作抗疫为非洲控制疫情传播、疫后经济复苏等提供了巨大的支持。一方面，疫情使得国家间人文交流面临更多阻碍。根据国际移民组织（IMO）的统计，2020年3月11日至11月16日，共有224个国家（地区）发布了107164项旅行相关措施。其中，29348条为入境限制，77816条为入境条件（conditions for entry）。②虽然线上会面、远程教学等现代技术手段满足了人们的部分交流需求，但对于旅游、体育等诸多领域来说，疫情的负面效应仍然不容小觑。2020年3月以来，中非间的人员往来数量下降，诸多文化、旅游等交流活动无法开展，这对中非民间人文交流的持续发展造成障碍。另一方面，中国积极支持非洲抗疫，在此过程中加深了中非间的民心相通。中国对非洲疫情及时跟进，反应迅速，援非措施充分尊重非洲意愿，满足非洲需求，并于2020年6月召开中非团结抗疫特别峰会巩固抗疫成果；与世界卫生组织以及非洲疾控中心等多边组织通力合作，使援助得到更加合理地分配，精准抗疫，增强收效；中国政

---

① 《新时代的中非合作》，新华网，2021年11月26日，http://www.news.cn/world/2021-11/26/c_1128101798.htm。

② IMO,"Global Mobility Restriction Overview", November 16, 2020.

府、企业与民间联动，多层次全方位地向非洲分享抗疫经验，并提供抗疫物资，各类援助案例不胜枚举。① 中国积极落实将疫苗作为全球公共产品的坚定承诺，截至2021年年底，中国已向包括非洲在内的全球110多个国家提供了超过17亿剂次新冠疫苗。并且承诺在向"新冠疫苗实施计划"捐赠1亿美元基础上，再向包括非洲在内的发展中国家无偿捐赠1亿剂疫苗。

2. 中非民间人文交流的特征

21世纪以来，中非民间人文交流发展进入快车道，展现出以下特征。

第一，中非民间人文交流的重要性凸显。中非双方积极合作，为推进人文交流创设并提供多项制度保障。中非合作论坛成立后，其功能逐渐丰富与完善，成为中非人文交流的重要平台。历届论坛颁布多项官方文件及行动规划，并在论坛主导下开设多种分论坛，促进了中非全领域的人文沟通与往来。在官方文件方面，2009年，在中非合作论坛第四届部长级会议上，中非双方签署了《中非合作论坛—沙姆沙伊赫行动计划（2010—2012年）》，明确提出中非新型战略伙伴关

---

① 赵雅婷：《新冠肺炎疫情冲击下的非洲发展治理与中国角色》，《中国非洲学刊》2021年第1期。

系包括"文化上交流互鉴"。2015 年，中非合作论坛约翰内斯堡峰会上通过的《中非合作论坛—约翰内斯堡行动计划（2016—2018 年）》把"文化上交流互鉴"再度列为中国对非关系的五大支柱之一，同时，"中非人文合作计划"也成为中国对非十大合作计划之一。① 2018 年，在中非合作论坛北京峰会上，人文交流被列为中非合作"八大行动"之一，习近平主席在会上宣布实施人文交流行动。中国决定设立中国非洲研究院，同非方深化文明互鉴；打造中非联合研究交流计划增强版；实施 50 个文体旅游项目，支持非洲国家加入丝绸之路国际剧院、博物馆、艺术节等联盟；打造中非媒体合作网络；继续推动中非互设文化中心；支持非洲符合条件的教育机构申办孔子学院；支持更多非洲国家成为中国公民组团出境旅游目的地。② 2021 年 11 月 29 日，中非合作论坛第八届部长级会议开幕式上，习近平主席提出实施"九项工程"，其中第八项为人文交流工程。明确指出，中国愿支持所有非洲建交国成为中国公民组团出境旅游目的地国。在华举办非洲电影节，在非洲举办中国电影节。举办中非青

---

① 刘天南、蔡景峰：《中非人文交流：机制、局限与对策》，载李安山主编《中国非洲研究评论（2017）》，社会科学文献出版社 2017 年版，第 157 页。
② 习近平：《携手共命运　同心促发展》，《人民日报》2018 年 9 月 4 日。

年服务论坛和中非妇女论坛。① 由此可见，在历届中非合作论坛的官方声明与行动文件中，人文交流的重要性被多次提及，涉及内容也更加广泛。上述文件为中非人文交流的持续发展提供了制度保障。

第二，中非民间人文交流发展迅速，参与组织与人数不断增长，合作领域持续拓展，双方交流愈加深入。从最早的仅局限于文化节和中非青年交流，到第五届中非合作论坛中，民间人文交流在规模、人员、领域、深度等方面得到全方位的扩展。中非人文交流在文化、教育和传媒等领域进展迅速，相关群体如妇女、青年、学术界、民间组织等的交流也越发频繁。在中非合作论坛框架内，民间交往形式不断扩展，中非建立了各种各样的论坛。中非合作论坛还建立了许多文化对等交流项目，如"20+20中非高等教育机构合作计划""中非智库10+10伙伴计划"等，并推出了许多文化活动，如"中非青年大联欢""相聚北京""聚焦非洲"等。据《新时代的中非合作》白皮书介绍，目前，中国在毛里求斯、贝宁、埃及、尼日利亚、坦桑尼亚、摩洛哥设有中国文化中心，已与突尼斯、肯尼亚、科特迪瓦、塞内加尔、埃塞俄比亚、莫桑比克签署互设文化中心或设立中国文化中心的政府

---

① 习近平：《同舟共济，继往开来，携手构建新时代中非命运共同体》，《人民日报》2021年11月30日。

文件。① 中国累计向非洲国家提供了约 12 万个政府奖学金名额，在非洲 46 个国家合作建设了孔子学院和孔子课堂，拓宽了中非语言文化交流之路。中非双方建立了 150 对友好城市关系，34 个非洲国家成为中国公民组团出境旅游的目的地。

第三，中非民间人文交流活动主要伴随官方人文交流活动得以开展，并在此基础上形成了一些自身特色。由于中非间地理位置相距较远，文化差异较大，中非双方政府是双边人文交流活动最重要的主导方，中非人文交流是随着双边关系深入发展而不断展开的，并逐渐形成了中非独特的文化交流特色。一是中非民间人文交流传递出中国人独特的交往理念。早在郑和下西洋时期，郑和精神就包括了中华文化的五大内核：（1）政治交往上，睦邻友好、以和为贵；（2）经济交往上，厚往薄来、重义轻利；（3）文化交往上，海纳百川、包容互鉴；（4）实业领域中，披荆斩棘、开拓创新；（5）宗教领域中，求同存异、和而不同。② 中非合作论坛成立后，中非间的人文交流始终秉持"真、实、亲、诚"的观念，中国在对非交往中立足发展导向，致力于发展平等友好、互利共赢的双边关系，注

---

① 《新时代的中非合作》，新华网，2021 年 11 月 26 日，http://www.news.cn/world/2021-11/26/c_1128101798.htm。
② 马丽蓉等：《丝路学研究——基于中国人文外交的阐释框架》，时事出版社 2014 年版，第 159 页。

重增加非洲的自主性。二是半官方机构在中非民间人文交流中扮演了重要角色，其策划、筹备、举办了大量民间交往活动，对推动中非人文交流意义重大。例如，中国扶贫基金会、中国非洲发展基金、中非友协等机构在中非民间人文交流中贡献了巨大的力量。三是中非民间人文交流与时俱进，融入并创新诸多新颖的传播和交流方式，进一步加深了彼此了解。近年来，新兴媒体、自媒体、短视频等传播方式的创新和流行助推中非民间交往的快速发展。

（三）当前中非民间人文交流存在的问题

20多年来，尽管中非民间人文交流取得了长足的发展与进步，尤其是在领域拓展、人员增加、交往深度等方面发生了质的飞跃，但由于民间人文交流的特殊性，即许多时候交往印象易受个人或个案的影响，以及西方对中非民间人文交流的大力抹黑与持续打压，中非人文交流尤其是民间人文交流仍显滞后，当前中非民间人文交流亦存在一些问题。

其一，中非民间人文交流活动处于官方引领多、民间主导少的状态。目前，中非民间人文交流中的品牌项目均由官方或半官方机构着力打造。中国官方因为有充足的资金、人员且政策执行力强，有力保障了多项人文交流活动的持续开展。例如，中南高级别人文交流机制建立后，不仅定期举行交流会，还积极拓展合作领域，促进了传媒、体育、旅游、青年、妇女、教育等领域合作不断深入。在这一过程中，民间交流得以开展并取得一些收效。在教育和文化传播领域，中国在非洲的海外中国文化中心和孔子学院依然是主力军。总体而言，中非人文交流的固有机制以及合作项目主要集中在官方合作范畴内。近年来，虽然半官方的中非民间组织愈加活跃，积极举办文化联系和交流活动，大力推动中非人文交流的开展，但仍然带有些许官方性质。民间自发的人文交流活动在议题设置、计划执行、后续维护等方面仍存在短板。

其二，中非民间人文交流活动开展数量多，但实际效果上仍有较大发展空间。在中非合作论坛框架下，中国与非洲在社会和人文领域开展了大量合作项目。据统计，在医疗卫生领域，目前，中国在非洲45个国家派有医疗队员总数近千人，共98个工作点。在教育领域，中国支持30余所非洲大学设立中文系或中文专业，配合16个非洲国家将中文纳入国民教育体系，在非洲合作设立了61所孔子学院和48所孔子课堂。在民间交往方面，截至2020年，中国政府已累计向16个非洲国家派遣484名青年志愿者，与53个非洲国家

100多个妇女机构（组织）建立联系和交往，在毛里求斯、莱索托、吉布提、津巴布韦和苏丹等国建立中非妇女友好交流（培训）中心。由此可见，中非人文交流覆盖领域广阔、进展迅速，已形成规模效应。然而，中非民间人文交流活动效果有限，在推动更多非洲民众了解中国制度与中国方案等方面仍有很大发展空间。

其三，中非民间人文交流活动传统形式多，仍需探索更多新颖方式。中非人文交流活动主要以举行文化交流为核心。相关协会定期举办文化交流年或者开展文化节等，媒体传播主要侧重翻译相关中国影视、书籍等传媒作品，并以介绍中国传统文化为主要内容，教育合作依然侧重介绍中国传统文化，近年来加入对减贫等中国发展经验的介绍，但仍面临受众少、开展频率低的问题。此外，在经贸和医疗卫生领域，人文交流形式单一问题尤为突出。在经贸领域，中非城市间的友好关系过度依赖某个行业或者某企业的经贸合作友好关系，存在较大风险。在医疗卫生领域，双方人文交流主要形式是人员交流与高层互访，个别地区有针对某一具体专业的项目研究合作。[①] 新冠肺炎疫情爆发后，双方在公共卫生与传染病防治方面的交流才

---

① 徐薇、刘鸿武主编：《中国—南非人文交流发展报告（2018—2019）》，浙江大学出版社2020年版，第107页。

有所提升。事实上，随着网络和新兴媒体的快速发展，加之新冠肺炎疫情对国际人员往来的影响，中非人文交流活动应根据中非实际需求，继续探索更加丰富和新颖的方式，充分利用新技术带来的便捷与沟通方式。

其四，中国是中非民间人文交流的主要推动者，但在非洲国家存在分布不均，缺乏语言人才等问题。21世纪以来，中国和非洲都获得了高速发展，中国更是如期打赢脱贫攻坚战，全面建成了小康社会。但在全球最不发达国家非洲占33个，已成为全球贫困人口最多的大陆。除发展问题外，非洲仍面临严峻的安全与社会问题。因此，在中非人文交流活动中，非洲54个国家仅有个别大国能够在双边交流中积极介绍自身文化，实现人文交流的对等与互动。此外，中国对非人文交流还存在语言和翻译障碍。事实上，中国能够胜任中译外的高质量翻译人才严重不足。翻译公司质量参差不齐，很多翻译工作交由在校学生完成，而学生水平有限。同时，翻译语种集中在英语、法语和阿拉伯语等，缺乏对非洲当地语言如斯瓦希里语、豪萨语等熟练掌握的人才。上述条件严重制约了中非平等人文交流活动的开展，亟须改善。

其五，西方强力抹黑和打压中非民间人文交流活动，对中非双方增进了解造成严重影响。西方通过殖民历史对非洲社会形成强大的外塑作用。非洲国家独立后，西方国家陆续通过经济结构调整、政治导向性援助、民主化以及教育培训等方式输出西方价值观，对非洲民众的意识形态产生了较强的影响。如今，非洲老一辈领导人随着时间推移逐渐淡出历史舞台，大量的非洲青年是在西方价值观影响下成长起来的，使得非洲民众对中国的印象与态度存在代际撕裂。近年来，中非合作不断深入，引发西方担忧，西方国家遂采取多种手段对中非合作进行抹黑和造谣。由于非洲目前存在的价值观代际差异等问题，西方对中国的抹黑和打压在非洲获得了一定的收效，不仅阻碍了中非合作，更威胁到中非民心相通与中非命运共同体的构建。

二 人类命运共同体视域下中非民间人文交流的学理分析

随着全球化的发展,各国相互联系、相互依存的程度空前加深,人类生活在一个地球村里,生活在历史和现实交汇的同一个时空里,越来越成为你中有我,我中有你的命运共同体。① 面对百年未有之大变局,构建人类命运共同体是21世纪全球克服重重挑战,为人类未来做出负责任规划的重要选择,也是中国为完善全球治理体系而给出的中国方案。构建人类命运共同体是新时代中国特色社会主义思想的独创,这一兼具理论、战略和现实高度的伟大构想,是当代中国共产党人对马克思主义的升华和对美好未来的理想追求。构建人类命运共同体的理念提出后,人文交流的重要

---

① 习近平:《开启中非合作共赢、共同发展的新时代》,《人民日报》2015年12月5日。

性持续提升,其不仅是实现人类命运共同体的重要方式,也是构建人类命运共同体的重要目标。习近平主席 2013 年访问坦桑尼亚时曾提及,中非从来都是命运共同体,充分说明中非关系友好而密切,中非友谊源远流长。可见,中非命运共同体是人类命运共同体重要的组成部分,中非命运共同体的实现对于构建人类命运共同体意义重大。因此,在构建人类命运共同体视域下,中非民间人文交流被赋予了更加深刻的时代意义。

(一) 人类命运共同体视域下中非民间人文交流的理论基础

"命运共同体"一词最早出现在国务院新闻办公室 2011 年 3 月发布的《2010 年中国的国防》白皮书中。2011 年 9 月,国务院新闻办公室发布的《中国的和平发展》白皮书中再次提及"命运共同体"概念。党的十八大报告进一步指出,合作共赢就是要倡导人类命运共同体意识,在追求本国利益时兼顾他国合理关切,在谋求本国发展中促进各国共同发展,建立更加平等均衡的新型全球发展伙伴关系,同舟共济,权责共担,增进人类共同利益。[①] 2013 年 3 月,习近平主席出访俄罗斯时指出,当今人类社会越来越成为你中有我、

---

① 胡锦涛:《坚定不移沿着中国特色社会主义道路前进 为全面建成小康社会而奋斗》,《人民日报》2012 年 11 月 18 日。

我中有你的命运共同体。① 2015年3月28日，习近平主席出席博鳌亚洲论坛2015年年会开幕式并作题为"迈向命运共同体 开创亚洲新未来"的主旨演讲，第一次系统、全面、深刻地阐释了"人类命运共同体"的基本内涵。② 2015年9月，习近平主席出席第七十届联合国大会一般性辩论时提出，当今世界，各国相互依存、休戚与共，我们要继承和弘扬《联合国宪章》的宗旨和原则，构建以合作共赢为核心的新型国际关系，打造人类命运共同体。③

构建人类命运共同体，必须通过有效的人文交流来实现民心相通。当前，构建人类命运共同体已具备多方面的基础。

其一，在思想和理论基础方面，人类命运共同体具有哲学和政治基础。习近平主席最早提出人类命运共同体时，明确提及"你中有我，我中有你"的概念，这实则是人类命运共同体的哲学基础。"你中我有，我中有你"，就是"你""我"在社会经济交往实践中，以语言符号和数字技术为中介，由符号夹带、

---

① 习近平：《顺应时代前进潮流 促进世界和平发展》，《人民日报》2013年3月24日。
② 习近平：《迈向命运共同体 开创亚洲新未来》，《人民日报》2015年3月29日。
③ 习近平：《携手构建合作共赢新伙伴 同心打造人类命运共同体》，《人民日报》2015年9月29日。

语义关联和意义共享现象而交织形成的利益交融关系。① 将这种关系的相互联结置于全球性的巨大关系网络下，就是人类命运共同体，在此基础上，习近平总书记提出政策沟通、设施联通、贸易畅通、资金融通、民心相通的"五通"。其中人文交流的作用就是实现民心相通，从而为其他领域的联通筑牢根基。共同体的生成是有条件的，要有共同目标、身份认同和归宿感。② 因此，人类命运共同体的共同目标是和平与发展，身份认同是各国均是地球村中的一员，归宿感则是均作为共同体的成员。

在政治基础方面，人民是历史的创造者，全人类对和平与发展的追求构成了人类命运共同体的政治基础。随着科学技术的发展以及知识的广泛普及，现代人民比历史上任何时期都更为强大。世界命运握在各国人民手中，人类前途系于各国人民的抉择。③ 各国人民虽拥有不同的文化和风俗习惯、操着不同的语言，但是追求和平安宁的生活是共同期盼。对恐怖主义、跨国犯罪等自是深恶痛绝。只有各国安全才是真正的

---

① 卢黎歌主编：《新时代推进构建人类命运共同体研究》，人民出版社2019年版，第68页。
② 赵志旻、赵世奎等：《共同体的界定、内涵及其生成——共同体研究综述》，《科学学与科学技术管理》2010年第10期。
③ 习近平：《决胜全面建成小康社会 夺取新时代中国特色社会主义伟大胜利》，《人民日报》2017年10月28日。

安全。因此，我们要努力建设一个远离恐惧、普遍安全的世界，坚持共同、综合、合作、可持续的新安全观，营造公平正义、共建共享的安全格局。① 此外，各国人民对美好生活有追求与向往，美好的生活包括富足安康的生活条件以及健康优美的生活环境。对于发展中国家（尤其是非洲国家）而言，经济发展与民生改善是当地民众最深切的渴望。因此，构建人类命运共同体就是要努力建设一个远离贫困、共同繁荣的世界，坚持你好我好大家好的理念，让发展成果惠及世界各国，让人人享有富足安康。② 为了子孙后代的幸福，还需要与大自然和谐共生，实现可持续发展。人类命运共同体应该坚持人与自然共生共存的理念，建造人类宜居的家园。

其二，目前来看，构建人类命运共同体已具备一定的物质基础，主要是自然、经济以及技术基础。在自然基础方面，主要是人类赖以生存的地球生态系统。人类共同生活在地球上，全球的大气圈、水圈、土壤圈和岩石圈等大循环是全球流动的，世界各国都与之息息相关。因此，一国的环境问题可能引发周边甚至其他地区的动荡与变化。当前，人类对环境的破坏导

---

① 习近平：《携手建设更加美好的世界》，《人民日报》2017年12月2日。
② 习近平：《携手建设更加美好的世界》，《人民日报》2017年12月2日。

致的全球变暖、海平面升高以及极端天气的增多，都使得全球民众越发感觉到全人类命运的共通性。因此，地球生态系统的保持与维护，关系到人类的生死存亡和未来发展。

经济全球化的发展为构建人类命运共同体提供了经济基础。资本主义世界经济体系在经历了早期的掠夺和资本输出阶段后希望将全球各国纷纷纳入其体系之中。第三次科技革命后，经济全球化进入快速发展期，世界市场的扩大使得人才、技术、服务、资本等生产要素实现了跨国界的自然流动，随之建立的许多区域经济组织通过设立规则为各国的经济往来创造了便利条件。但是，经济全球化也是一把双刃剑，处于资本主义世界经济体系边缘的发展中国家一直受到中心国家的剥削和压迫，南北发展差距逐渐拉大。发达国家还主导着全球金融与经济治理体系，并使之成为制裁和压迫发展中国家的工具。为维护发展中国家的利益，消除这种国际经济秩序中的不平等，人类命运共同体的建设必不可少。

在技术领域，计算机的发展以及网络的普及将全人类更加紧密地联系在了一起，成为构建人类命运共同体的技术基础。计算机技术快速发展的背景下，人工智能、数字经济、智慧城市等相关数字化产业迅速扩张，加之物流行业的大发展，极大地方便了人们的生活，使得人们足不出户就能享受到来自世界各地的产品。此外，由于互联网的普及和新兴媒体的发展，人类社会进入信息大爆炸的时代。在互联网技术的推动下，信息传播方式发生变化，独立的个人不仅是信息接受者，也是信息的发布者。信息技术不仅使人类社会的生产效率得到极大提升，也为政府决策者提供了更加准确的研判数据。

其三，全世界在探索构建人类命运共同体方面不懈努力，获得了实践基础。近代思想史上，西方哲学家们围绕个体与个体之间、个体与群体之间的关系进行了思索，产生了多种共同体思想。其中，马克思的共同体思想非常具有代表性。一是在共同体形成的前提与基础上，马克思以物质资料生产时间取代了传统共同体思想的伦理、信仰、先验理性等抽象物。二是在共同体内部成员之间的联系上，马克思以实践方式中结成的社会关系作为共同体成员之间的根本联系。三是在实践方式中，马克思解答了共同体的发展方向和实现道路问题。[①]

20世纪，人类经历了两次世界大战，造成恶劣后果。为反思战争带来的教训，避免生灵涂炭，国际社

---

① 黄炬、刘同舫：《马克思共同体思想的现实超越性》，《河海大学学报》（哲学社会科学版）2017年第5期。

会先后建立了国际联盟和联合国。此外还有一些区域组织相继建立，如欧洲联盟、非洲联盟、东盟等，上述组织在应对全人类的共同问题，维护世界和平方面作出了巨大贡献。习近平总书记在对马克思共同体思想和世界历史思想进行继承和发展后，提出了人类命运共同体的理念。上述历史发展为该理论提供了重要的实践支撑。

（二）人类命运共同体视域下推进中非民间人文交流的理念与指导原则

当前，中国已经成为一个全球大国，世界各国对中国的国际交流和沟通有新的更高期待，中国人的精神面貌发生了前所未有的变化，这也赋予中外人文交流更加鲜明的时代特征。[①] 因此，中外人文交流应在新时代下有新的发展。习近平总书记提出构建人类命运共同体理念后，民心相通的重要性显著提高，也为中非人文交流尤其是民间人文交流指明了方向。在中非人文交流理论建设方面，刘鸿武曾提出"五位一体"

---

① 俞新天：《论新时代中国民间外交》，载张骥、邢丽菊主编《人文化成：中国与周边国家人文交流》，世界知识出版社2018年版，第51—52页。

理论体系，即可以遵循"学科建设为本体，智库服务为功用，媒体传播为手段，扎根非洲为前提，中非合作为路径"的治学原则，秉承"非洲情怀、中国特色、全球视野"的治学理念，按照"继承中华学术传统，借鉴国外优秀成果，总结中非合作实践"的治学路径。当代中国学人唯有理论联系实际，扎根非洲大地，才能将具有中国特色的非洲研究学科建设好，为丰富和完善当代中国的学术体系、促进中非关系的健康发展作出贡献。① 中非民间人文交流应秉持的基本原则主要有五个方面。

一是真实亲诚的政策观。习近平主席在2013年访问坦桑尼亚之际，用真实亲诚来描绘新时期的中国对非政策。他指出，对待非洲朋友，要讲一个"真"字；开展对非合作，要讲一个"实"字；加强中非合作友谊，要讲一个"亲"字；解决合作中的问题，要讲一个"诚"字。无论中国发展到哪一步，中国永远都把非洲国家当作自己的患难之交。② 中国的发展离不开世界、离不开非洲，世界和非洲的繁荣稳定也需要中国。只有在对非交往中秉持"真实亲诚"的政策

---

① 刘鸿武：《中国非洲研究使命光荣任重道远》，中国社会科学网，2019年4月16日，http://m.cssn.cn/zx/zx_bwyc/201904/t20190416_4864651.htm。

② 习近平：《永远做可靠朋友和真诚伙伴》，《人民日报》2013年3月26日。

观,才能够切实有效地推进双边合作,深化双边关系,构建中非命运共同体。

二是义利兼顾的价值观。习近平总书记指出,只有义利兼顾才能义利兼得,只有义利平衡才能义利共赢。"① 正确义利观是中国外交优良传统的体现,也是中国特色社会主义外交理念的反映。目前,正确义利观已经成为中国与包括非洲国家在内的发展中国家交往的重要指南。在人文交流中,中国同非洲关系的持续发展及构建人类命运共同体,最重要的是要在与不同国家发展友好关系的过程中坚持讲道义,绝不以牺牲他国利益来换取自身的暂时发展,同时也不允许任何损害国家核心利益的行为与做法。正如习近平总书记所言:"中国决不会以牺牲别国利益为代价来发展自己,也决不放弃自己的正当权益,任何人不要幻想让中国吞下损害自身利益的苦果。"②

三是互利共赢的发展观。发展是所有国家,尤其是非洲发展中国家面临的重大问题,中非关系的实质在于真诚友好、平等互利和共同发展。互利共赢是中非合作的本色。若要实现中非之间的民心相通,必须秉持互利共赢的发展观。人类命运共同体理念包括了

---

① 习近平:《共创中韩合作未来 同襄亚洲振兴繁荣》,《人民日报》2014年7月5日。
② 习近平:《决胜全面建成小康社会 夺取新时代中国特色社会主义伟大胜利》,《人民日报》2017年10月28日。

需要寻求世界各国的共同利益与诉求，应共同努力维护，才能实现最终的共同发展。在人类命运共同体视域下，中非民间人文交流更需突出互利共赢的发展观。习近平总书记指出，我们不仅致力于中国的自身发展，也强调对世界的责任和贡献；不仅造福中国人民，而且造福世界人民。① 在人类命运共同体理念指导下，中非人文交流过程中贯彻互利共赢的发展观，将有利于实现世界的和谐共赢，有效助推人类社会发展。

四是包容互鉴的交往观。中华文化中的"和"包含和平、包容、开明、开放等多重内容，它要求既肯定和接受事物的多样性，又接纳事物的差异性，并将不同的事物融合到一个和合体中。因为差异性是事物生长的前提，多样性的调和是万物生生不息的基本条件。② 习近平总书记提出构建人类命运共同体理念中就包含对不同民族和文化包容互鉴的思想。"不同文明凝聚着不同民族的智慧和贡献，没有高低之别，更无优劣之分。文明之间要对话，不要排斥；要交流，不要取代。人类历史就是一幅不同文明相互交流、互鉴、融合的宏伟画卷。我们要尊重各种文明，平等相待，

---

① 《习近平接受拉美三国媒体联合书面采访》，《人民日报》2013年6月1日。
② 邢丽菊：《新时期中国外交思想的传统文化内涵》，《国际问题研究》2015年第3期。

互学互鉴，兼收并蓄，推动人类文明实现创造性发展。"① 在构建人类命运共同体视域下，中非人文交流需以和谐共生与包容互鉴为重要前提。

五是发展创新的治理观。人类命运共同体的构建需要世界各国合力应对全球面临的挑战，通过创新合作方式，优化治理手段实现更加有效的全球治理，最终实现全球文化的和合共生。与此同时，人文交流的内容需要不断更新并适应时代的潮流，但也要警惕在这一过程中丧失本身文化的内核。因此，新时代的中非民间人文交流不仅要对自身传统文化进行文化继承，还要实现创造性的发展，推行文化传播新方式。中非应通过发展创新治理观，有效促进文化互通，进而消弭分歧，合力应对全球治理存在的赤字问题，真正推动中非命运共同体的实现。

（三）人类命运共同体视域下推进中非民间人文交流的意义

构建人类命运共同体关乎全人类的未来，是各国人民的美好向往。由于中非在历史、发展以及诉求方面的相似性，中非之间长期保持着密切联系，中非关

---

① 习近平：《携手构建合作共赢新伙伴　同心打造人类命运共同体》，《人民日报》2015年9月29日。

系不断深化。因此，在构建人类命运共同体过程中，中非命运共同体将成为表率，对其他地区和国家形成示范效应。而构建中非命运共同体，必须全面推进人文交流，尤其是提高民间人文交流的效率和效果，实现民心相通，进一步筑牢中非关系。

其一，在人类命运共同体视域下推进中非民间人文交流提升中非之间的政治互信。一方面，水能载舟亦能覆舟，民众对权利的部分让渡构成了政府执政的合法性来源，一国政权能否稳固取决于广大民众的支持。另一方面，如果两国之间民间往来密切，民心相通，民众之间的好感度高，将为政府间的友好关系提供根本保障。在相互往来的过程中增信释疑，两国间的政治互信将提升至全新的高度。由此可见，推进民间人文交流，是增强政治互信，构筑国家间长期牢固合作关系的重要条件。

其二，为深化中非经贸合作与可持续发展提供环境保障。归根结底，经贸合作是服务于各国人民。随着经济全球化的深入发展，国家间的经贸往来日益频繁，民众的经营与消费理念亦受到外部经贸环境的影响。近年来，中非经贸合作全方位深度展开，彼此在基础设施建设、电子产品、工业制成品、小商品方面的贸易额均快速增长。但在双方交往过程中，中国部分假冒伪劣、以次充好的商品流入非洲市场，导致非洲一些民众对中国商品的质量产生了负面评价，进而对中国制造的形象造成冲击。与此同时，中国民众对非洲产品的认知也大多停留在初级产品和品质一般的印象中，事实上，非洲亦有品质全球领先的产品，如南非的红酒、坦桑尼亚的珠宝等。因此，持续推动民间人文交流，加深彼此了解正是破除固有认知的最佳举措。双边民众的友好往来既是中非经贸合作持续发展的保障，也将为数字化、人工智能、气候变化等这些领域的合作与发展保驾护航。

其三，有助于推进民心相通，为中非世代友好提供制度保障。国家间的关系归根结底是人与人的关系，人是文明交流互鉴最好的载体，深化人文交流互鉴是消除隔阂和误解、促进民心相知相通的重要途径。① 国家软实力的提升需要通过以情动人和以理服人等相对温和的方式来赢得人心。② 中非以构建命运共同体为目标，积极推动民间人文交流，将为中非关系的未来发展提供源源不竭的动力。中非民众通过多领域、多层面、多平台的频繁交往，增进彼此了解，消除刻板印象与部分误解，并寻找中非秉持的全人类的共同价值，

---

① 习近平：《深化文明交流互鉴 共建亚洲命运共同体》，《人民日报》2019年5月16日。
② 邢丽菊：《推进"一带一路"人文交流：困难与应对》，《国际问题研究》2016年第6期。

是一件利好各方的事业。

其四，能够形成合力构建更加合理的国际环境，推动全球治理体系改革。近代以来，国际关系的形成与发展都是西方中心主义的。在资本主义世界经济体系中，广大发展中国家一直处于被剥削和压迫的地位。西方国家通过政治、经济甚至军事手段肆意干涉发展中国家的内政，输出意识形态，将所谓的西式"民主"奉为全人类共同的价值标准。在全球化时代，恐怖主义、疾病、环境、跨国犯罪等多种非传统安全问题日益严峻，仅靠一国力量并不能解决，世界发展亟须有效的全球治理。习近平总书记提出的构建人类命运共同体的思想，在经济上主张互惠互利，改变不公正的国际经贸原则，从根本上扭转国际社会两极分化的状态；在政治上主张各主权国家无论大小都一律平等，通过有效对话来解决彼此之间的分歧，反对以武力干预别国内政的霸权主义行径；在文化上主张尊重文明发展的多样性，强调不同文明没有优劣、好坏之分，通过包容互鉴推动不同文明的共同发展；① 人类命运共同体在治理上，主张通过责任共担、利益共享，推动国际关系民主化，推动全球治理纵深发展。正因

---

① 秦龙、肖唤元：《人类命运共同体思想的世界政治意义》，载卢黎歌主编《新时代推动构建人类命运共同体研究》，人民出版社 2019 年版，第 174 页。

此，人类命运共同体理念受到非洲国家的广泛认可。中非通过强化双边民间人文交流，携手推动构建人类命运共同体，为世界和人类发展贡献来自发展中国家的智慧和力量。

三　中非民间人文交流：营利性组织

中非合作论坛成立以来，中非经贸合作加速发展，深度广度不断拓展。中非合作论坛约翰内斯堡峰会和北京峰会分别宣布实施"十大合作计划"和"八大行动"，将中非经贸合作水平推向历史新高。在上述政策支持下，经济合作成为中非交往最为密切的领域，各类企业纷纷前往非洲从事经营活动，带动了频繁的人员往来与沟通。截至2020年年底，中国企业累计对非直接投资超过430亿美元。中国在非洲设立各类企业超过3500家，民营企业逐渐成为对非投资的主力军，其聘用非洲本地员工比例超80%，直接和间接创造了数百万个就业机会。可以说，营利性机构的经营活动为中非民间人文交流提供了绝佳的机会，是当前推进人文交流的重要抓手。

(一) 参与中非民间人文交流的营利性组织：作用、现状与问题

在对开展中非民间人文交流的营利性组织进行探讨之前，有必要对营利性组织的概念予以厘清。有学者将营利性组织（For-Profit Organization/Profit Organizations）定义为以组织的利益为目标的社会组织。这类组织讲究资本的投入产出，讲究利润的回报。营利性组织为了获得自身的发展必须同组织内外部的公众建立良好的关系，为组织的生存与发展创造和谐的社会环境。①

根据营利性组织的概念，中非民间人文交流中的营利性组织主要是指从事中非基础设施建设、商品贸易、信息通信、技能培训、展览旅游等相关经济活动的企业和公司，既包括国有企业，也包括私营企业。由于非洲是中非经贸合作的项目和商品承接地，因而绝大多数的人文交流活动在非洲当地开展，这就对中资企业及其相关工作人员提出了更高要求。据悉，自2009年起，中国连续12年稳居非洲第一大贸易伙伴国地位，中非贸易额占非洲整体外贸总额比重连年上升，

---

① 陶应虎、顾晓燕主编：《公共关系原理与实务》，清华大学出版社2006年版。

2020年超过21%。截至目前，中国与15个非洲国家建立产能合作机制。中国与非洲国家合作建设经贸合作区、经济特区、工业园区、科技园区，吸引各国企业赴非投资，建立生产和加工基地并开展本土化经营，增加当地就业和税收，促进产业升级和技术合作。中非合作论坛成立以来，中国企业利用各类资金帮助非洲国家新增并升级铁路超过1万千米、公路近10万千米、桥梁近千座、港口近百个、输变电线路6.6万千米、电力装机容量1.2亿千瓦、通信骨干网15万千米，网络服务覆盖近7亿用户终端。

从上述统计数据可见，中国从事对非合作的相关企业及人员数量巨大，成为与非洲国家直接交流的主体力量，许多非洲民众对中国的了解均来自与中国企业、商人、工人等的日常接触。因此，营利性组织的社会责任受到更多关注，其在中非民间人文交流中的作用也日益凸显。与此同时，如果营利性机构能够在中非经贸合作中发挥好人文交流的作用，企业亦将是最大受益者。

1. 营利性机构参与中非人文交流的作用

鉴于中非经贸的密切联系，营利性机构参与中非民间人文交流具有重要的意义。

第一，营利性机构积极参与推进中非民间人文交流活动能取得事半功倍的效果。中非合作秉持平等友好、互利共赢的精神,中国通过开发性金融,帮助非洲建设基础设施,从而由单纯的"输血"变为"造血",重视提升非洲国家自主性,聚焦非洲发展有效性。中资企业通过加强企业社会责任建设,在经营过程中雇佣非洲当地员工,带动当地经济发展,让民众直接感受到发展的红利,从而以实效增加非洲民众对中国的认知与认同,起到事半功倍的效果。

第二,营利性机构参与推进中非民间人文交流能够正面回击西方国家对中非合作的抹黑和造谣。长期以来,西方国家持续对非洲开展意识形态输出活动,在非洲拥有较强的软实力。在非洲媒体市场中,西方媒体占有较大比例。据统计,1985年,非洲播出的电视节目中,约有55%是从外国进口的;1995年后,这个比例一直保持在90%以上。[①] 1997年,时任南非副总统塔博·姆贝基(Thabo Mbeki)曾说过:"长时间以来,我们都靠别人来讲述我们自己的故事。我们像鹦鹉学舌一样把那些别人口中关于我们的词语和故事如同福音真理一般学来。即使是在非洲记者报道的新闻中,构建其内容的也往往是那些总部设在亚特兰大,

---

① 卢嘉、戴佳:《国际主流电视媒体在非洲的发展策略探析》,《对外传播》2015年第7期。

纽约或者是伦敦的外国新闻机构。"① 上述西方媒体不仅对外界塑造了非洲"贫穷落后"的形象,还通过宣传西方价值观、抹黑造谣中非合作,对中非友好造成恶劣影响。中资企业、中国媒体等营利性机构处在与非洲接触、交流的最前线,其在非洲的活动不仅能够向非洲民众展示中国文化,还可以将中国的交往理念、发展模式、有益经验直观地传递给非洲社会与民众,能够有效破除西方的诋毁和造谣。

第三,在疫情影响下,营利性机构是参与中非民间人文交流、讲好中非友好故事的主力军。新冠肺炎疫情对国际局势造成重要影响,不仅造成全球经济的衰退,还加剧了大国在非洲的规则、模式和价值观之争。在此情形下,中国在非洲的活动受到西方国家的更多打压。与此同时,受疫情影响,绝大多数国家实施入境限制、旅行禁令等,国际交往受到极大限制。中非官方、民间人文交流活动明显减少,现场交流活动大多都改为线上举行。尽管如此,营利性机构仍克服重重困难,在非洲持续开展业务。疫情期间,中方在非洲的1100多个"一带一路"合作项目坚持运行,近10万名中国技术和工程人员坚守岗位。一批铁路、公路和电站项目,克服困难陆续复工,为当地经济社

---

① Thabo Mbeki, "Address at the Launch of SABC News International", July 20, 2021, http://www.anc.org.za/show.php?id=4295.

会发展作出重要贡献。① 因此，营利性机构成为疫情下开展人文交流活动的最主要行为体。

2. 营利性机构参与中非民间人文交流的现状

目前，积极参与中非民间人文交流的营利性机构主要是相关企业，大致涉及基建、农业、信息化以及传媒等领域。其中一些代表性企业在推动中非民间人文交流中进行了探索，发挥了积极的作用。尽管营利性机构的本职工作并不在于推进中非民间人文交流，但毋庸置疑的是，以中资企业为首的营利性机构已在中非民间人文交流活动中扮演了极其重要的角色。

具体而言，中资企业在非洲的经营活动与当地直接发生文化接触与碰撞，为消除误解推进经营活动，企业势必学习与了解当地文化，从而寻找中非文化平衡与融合之道。在中非合作工业园区内，中国文化与非洲文化认同有诸多差异。据相关学者的调查，当问及非洲工人对中国人的看法时，很多非洲当地工人回答是"勤奋""人好"；也有人提不同意见，如"管理人员与本地员工交流不多""工资给的太低了""说话声音太大"等。此外，非洲当地人对于中国人经常连

---

① 赵雅婷：《"中国之治"助力构建中非命运共同体》，中国社会科学网，2021年6月21日，http://www.cssn.cn/gjgxx/gj_bwsf/202106/t20210621_5341286.shtml。

续加班、晚上不出门玩也很不解。① 中非在经济合作过程中的文化差异主要集中在以下方面。一是非洲人普遍信仰宗教，并将宗教作为极其重要的日常生活和行为准则。二是受非洲部落集体主义观念的影响，非洲人认为"共享财富"天经地义。三是中国人和非洲人的时间观念存在差异，中国人更加守时，而非洲人则显得缺乏时间观念。对此，企业必须进行调适与应对，才能有效弥合文化差异。

当前，一些企业在非洲开展经营活动时积极探索，推动价值与文化认同，有效推动了中非民间人文交流。其中，中国土木工程集团有限公司（以下简称"中土集团"）最具代表性，该公司在发挥企业社会责任与跨文化管理过程中积累了丰富的经验。中土集团解决中非文化差异的原则是"包容"和"融合"，努力实现"国际化经营、本土化融入"。因此，中土集团积极熟悉当地文化环境、风土习惯和法律法规，通过要求统一着装、使用固定标识等提升员工认同感，并根据实际情况，制定相应规章制度，完善管理和运营等。此外，中土集团认真培养了一大批精通当地语言和国际惯例的经营管理人才，建立了与当地民众沟通的有效模式。例如，在亚吉铁路项目实施的关键时期，铺

---

① 袁立、李其谚、王进杰：《助力非洲工业化——中非合作工业园探索》，中国商务出版社2019年版，第148页。

轨和"四电"工程施工共需要生产75万根铁路铺轨所需的梁枕,由于工期紧张,完成这项艰巨的任务需要当地员工大量加班,为此,中土集团埃塞公司决定以计件工资的方式发放加班费,鼓励当地员工加班,① 最终使该问题得以有效解决。

相较于国有企业,民营企业在非洲的经营活动更加贴近非洲民众,在中非民间人文交流活动中发挥着重要作用。其中,较有代表性的是四达时代集团(以下简称"四达时代"),该集团创立于1988年,是中国广播电视行业有较强影响力的系统集成商、技术提供商、网络运营商和内容提供商,目前正朝着有全球影响力的传媒集团目标迈进。2002年,四达时代远渡重洋,开启了与非洲各国携手并肩共同推动社会数字化、信息化的伟大事业。目前,该集团已在卢旺达、尼日利亚、肯尼亚、坦桑尼亚、乌干达、莫桑比克、几内亚、刚果(金)、南非等30多个国家注册成立公司并开展数字电视和互联网视频运营,发展数字电视用户1300万,移动端用户2000万,成为非洲重要的视频流量拥有者和家庭视频流量入口。四达时代较为成功地实现了中非经贸合作与人文交流的双向推进。"万村通——让非洲农村收看数字电视节目"项目由四

---

① 袁立、李其谚、王进杰:《助力非洲工业化——中非合作工业园探索》,中国商务出版社2019年版,第155页。

达时代实施，旨在为非洲 23 个国家共 10112 个村落接入卫星数字电视信号。除了让当地民众看上卫星数字电视，"万村通"在当地实施运营后，四达时代为项目村落培训当地技术人员 2.2 万人，使他们掌握卫星电视的业务知识以及安装和售后服务技能。"万村通"项目有助于实现非洲国家广播电视从模拟信号向数字化的跨越式发展，加快了非洲国家完成数字化的进度。当地民众评价该项目："'万村通'项目极大丰富了非洲民众的文化生活，更给我们非洲人民带来了开阔视野和改变命运的机会。"由此可见，营利性机构在非洲的活动最易实现经济与人文交流的双赢。四达时代通过普及卫星电视的方式更加便捷地向非洲民众展示真实的中国，并传播中国文化。

中非民间商会编纂的《中国企业投资非洲报告——市场力量与民营角色》显示，2000 年以来，在中非合作论坛推动下，中国民营企业逐步成为中非经贸投资合作的主要力量，正在经历从"走向非洲"到"落户非洲"、再到"扎根非洲"的转变。[①] 除此之外，华为、传音等民营企业也在推动中非人文交流方面作出了突出贡献。总体而言，中国企业在非洲投资的过

---

① 《"万村通"案例入选〈中国企业投资非洲报告——市场力量与民营角色〉》，四达时代官网，2021 年 11 月 30 日，https：//www.startimes.com.cn/2021/11/6964.html。

程中，除了为非洲的工业化、改善民生作出贡献，还有力推动了中非民间人文交流。

3. 营利性机构参与中非民间人文交流存在的问题

尽管如此，中资企业在非洲的人文交流活动依然存在诸多问题与挑战。其一，一部分中国企业对当地政府部门的办事风格不甚了解，给企业开展正常经营活动造成障碍。中国人对非洲的认知较为单一，通常将非洲视为一个整体。但事实上，非洲各国之间在文化、风俗等多个方面差异极大，并且非洲政府间各自为政现象严重。其中最为显著的是工作和居留签证的办理涉及部门多，程序烦琐，移民部门还时常对中方人员进行严格审查，严重影响了中方人员的工作积极性和所在国融入感。在乌干达、坦桑尼亚、肯尼亚、吉布提等国因签证问题导致中企人员被拘留的事件时有发生。这也在无形之中增加了中国使领馆的工作量。

其二，非洲当地法律、所在国政治与中国国内有较大不同，中资企业对此了解较少，加之缺乏管理非洲当地员工的经验，使企业与当地的矛盾加剧。非洲国家的法律法规通常规定外资企业必须雇用一定比例的当地员工，且包括不得随意辞退员工，若辞退需要支付几个月的工资作为补偿，加班需支付高额报酬等。

此外，非洲国家多实行西方多党民主制，中国企业与不同派别政党沟通会引来政党间的非议，一定程度上给企业带来负面影响。

其三，尽管民营企业在中非人文交流中发挥了越来越重要的作用，但大型国企在对非投资与合作中依然扮演重要角色，但无论是国企还是民营企业，大多聚集于完成投资与建设的任务，对人文交流重视程度较低，无法有效发挥主体责任。由于中非间人文交流多由政府主导，企业参与有限，也没有明确的要求和规定，使得企业对开展中非民间人文交流的热情并不高。相较于民营企业，大型国企在政策执行、理念宣传、文化推广等方面拥有更大的优势，本可以在中非人文交流方面发挥更大作用，但实际多数中资企业在这方面的投入与研究较少。即便中土集团等部分大型国企在跨文化交流与融合方面探索了一些有益经验，但其本质也是为企业经营服务。事实上，中国国有企业在非洲开展了许多切实改善当地民生、推动中非友好的活动和事迹，但却缺乏整理与宣传，加之西方国家媒体的恶意抹黑，抵消了民心工程的积极效果。

其四，一些中资企业在当地开展经营活动的过程中没有有效履行企业社会责任，对中非民间人文交流造成不良影响。在履行企业社会责任方面，国有企业受到国内监管较多，对这一问题较为重视，但一些小型民营企业缺乏监管，只重视眼前私利，对中国人在非洲的形象产生了负面影响。

（二）世界范围内他国具体做法

随着非洲同世界各国的经济往来日益密切，发达经济体与新兴经济体均与非洲大陆进行了人文交流，这些国家的营利性组织也在同非洲的交往中开展了相关活动，具体而言：除固有的传统优势外，西方国家以及印度等部分新兴发展中国家还通过营利性机构积极开展同非洲的人文交流活动，并且积累了一定的经验。

一是世界各国尤其是欧洲国家对企业社会责任予以高度重视，较早制定了整体推进企业社会责任的制度性文件，对各方责任与义务进行了统筹规划。2001年，欧盟发布了《促进企业履行社会责任的欧洲框架》绿皮书。该文件旨在就欧盟如何在欧洲和国际层面促进企业社会责任展开广泛辩论，尤其是如何充分利用现有经验，鼓励创新实践的发展，带来更大的透明度并提高评估和验证的可靠性。它提出了一种深化伙伴关系的方法，使所有参与者都可以在其中发挥积极作用。此后，绿皮书对企业社会责任进行了具体定义，即公司在自愿基础上将社会和环境问题纳入其业务运营以及与利益相关者互动中的行为。企业社会责任是推进商业与环境融合发展，并有效提高企业竞争力的重要手段。在对各项企业社会责任进行论述后，该文件还具体探讨了推进和改善企业社会责任的方式方法。在以国际劳工组织和经合组织对跨国公司的指导原则基础上，大型跨国公司积极探索出有益经验，再向中小企业分享，进行经验普及与推广。

除统筹和规划外，发达经济体还制定了相应的企业社会责任法案，对在经营活动中违反的企业予以惩戒。美国将利益相关方理念作为企业社会责任立法的重要法律概念纳入公司法。欧盟则在2014年9月通过了《关于欧盟大型企业和集团披露非财务信息和多元化信息的修订指令》，并要求欧盟成员国必须在2016年12月6日前将其转化为本国法律，指令涉及的约6000家大型公共利益实体必须在2018年披露其2017年的非财务信息。2020年，欧盟开始修订该法令，扩大覆盖企业范围，针对不同规模的企业制定适配不同标准，简化企业披露社会责任报告的过程。印度则在2013年修订《公司法》，加入明确的社会责任条款，对受到社会责任条款约束的企业类型、董事会层面的社会责任管理机构、社会责任资金支出比例及支出范围等方面进行了规定，成为全球首部对企业的社会责任支出进行强制性规范的法律。

二是发达经济体的企业在制度建设、社区融入和透明度方面积累了更多的有益经验，较为重视劳工权益与环境保护问题。欧洲企业在法律、技术、标准体系、环境保护等方面有独到的优势，对非洲有较强的影响力。这些企业跨国经营活动开始较早，遍布全球各地，在跨文化适应和本土化过程中积累了丰富的经验，走在世界的前列。在实施跨文化管理的进程中，跨国企业坚持"思维全球化、行动本地化"的基本准则，从而达到文字语言本地化、员工本地化，市场营销因地而异的模式。比如，摩托罗拉在海外的战略则是尽最大努力去聘用当地员工，并且给予当地员工最大的晋升空间与话语权，这些策略都能够促使员工不断努力，不断探索，不断作出巨大的贡献。[①]

另外，在社区融入和透明度方面，发达经济体的企业也进行了相关探索。以英特尔为例，其从1994年开始发布首份公开环境数据，并通过网站公布企业社会责任执行情况。英特尔还注重女性和少数族裔全岗位的覆盖，以包容平等的员工文化，支持女性员工发展。英特尔基金会成立30周年，捐款约4000万美元用于帮助学生和社区，超过6.8万名员工累计志愿服

---

① 沈健：《美国跨国企业本土化中的企业文化管理启示》，《中外企业家》2013年第22期。

务时间为150万小时,500万女性通过"连接她"项目获得数字技能。①

三是新兴发展中国家印度利用自身优势积极探索同非洲的文化交流,试图巩固同非洲的关系,维护印度在非利益。印度企业对非开展文化交流活动起步较晚,但其在印度政府整体政策的引导下,结合自身强项与优势,开展了一系列印非人文交流活动,获得了积极的成效。印度企业对开展文化交流的经验主要有三:一是利用自身优势,在对非科技合作中,充分发挥企业优势。印度与非洲的科技合作历史悠久,双方长期在农业、医疗卫生、通信技术、能源、教育培训等领域开展合作。在生物医药方面,2008年印度西普拉制药公司(Cipla Pharmaceuticals)注资乌干达品质医药(Quality Chemicals),并为其提供制造、检测及工厂日常运营所需的技术,品质医药随之成为当地最大的本土制药企业,其生产的抗逆转录酶病毒药品单位成本降至10美元,极大地造福了乌干达艾滋病患者并带动了当地就业。② 二是影视产业积极参与对非交

---

① 刘祖尧:《中美企业社会责任对比研究——以阿里巴巴和英特尔为例》,《现代营销》(学苑版)2021年第6期。
② 张永宏、赵孟清:《印度对非洲科技合作:重点领域、运行机制及战略取向分析》,《南亚研究季刊》2015年第4期。

流，扩大了印度的文化影响力。众所周知，印度宝莱坞（Bollywood）是全球有名的影视制作基地，使得印度成为世界上电影年产量最高的国家。印度以此为契机，推动影视行业在对非交往中发挥积极作用。宝莱坞作品在南亚地区攻城略地，在俄罗斯、欧洲、北美和中国影响日盛，在非洲越来越得到青睐，在东非、南非等印度裔人口较多的非洲国家最受欢迎。在阿拉伯国家如埃及，印度影视剧播出时段，甚至出现"万人空巷"的场景。① 2010 年，在塞内加尔首都达喀尔举办的"第三届世界非洲黑人艺术与文化节"还特别邀请了印度文化表演队。三是通过企业充分运用印度侨民与非洲的独特联系，弱化跨文化冲突。非洲东部和南部有大量的印度移民，由于语言相通加之地理位置相近，往来方便，这些印度裔移民在印度企业跨文化融入及发展印非经贸关系中发挥了重要作用。印度与毛里求斯签署避免双重征税协议，使得许多非洲国家同印度的贸易可以通过毛里求斯进行。这些侨民有效地帮助所在国吸引了印度企业的投资，由于文化比较相近，印度公司在非洲的业务往来也更加顺利。

---

① 亢升、郝荣：《印度对非洲文化外交及对中国的启示》，《印度洋经济体研究》2016 年第 1 期。

（三）推进营利性组织之间人文交流的相关对策

新冠肺炎疫情全球大流行的背景下，营利性组织在中非民间人文交流中将发挥更加重要的作用。一方面，由于中非经贸关系的持续升温，中国企业参与非洲投资与合作的深度与广度不断拓展，将更加频繁地与非洲当地产生交流。另一方面，受国际旅行禁令等的影响，其他组织和个人与非洲的直接往来减少，但企业依旧坚持在当地开展经营活动，重要性得以凸显。与此同时，营利性机构的主业虽不是推进中非人文交流，但中资企业的相关活动能够为非洲当地带来最直接的实惠与好处，亦是向非洲宣传中国经验与中国发展最直接的方式。因此，中国应在多个层面制定切实政策，有序引导和鼓励营利性机构开展中非民间人文交流活动，发挥营利性机构的独特作用，为构建中非命运共同体贡献力量。

1. 政府引导层面

政府应在制度层面制定相关文件，促进中资企业履行社会责任，适当采取具有约束力的措施。政府还需统筹协调，为企业加强文化交流、进行宣传等提供一定的政策和资金支持。政府也可引导行业协会对企业提升形象并履行社会职责起到推动作用。

第一，建立健全企业社会责任立法，对企业增强约束力，在政府层面设立对外投资企业的引导机构，积极督促与引导其履行社会责任。近年来，中国政府与相关机构陆续出台了一系列指南和指导意见，要求中资企业在海外投资履行社会责任，如2008年发布的《关于中央企业履行社会责任的指导意见》、2009年发布的《中国企业境外森林可持续经营利用指南》、2013年发布的《对外投资合作环境保护指南》，但这些并不具有约束力，多是一种政策指南。企业社会责任立法方面仍需加快步伐。

第二，政府需加强统筹协调，鼓励企业开展对非文化交流，在实践中宣传中国发展经验，并给予政策与资金支持。对于走向非洲的企业，政府可在派出前对企业员工进行集中培训，不仅使派出人员懂得安全保护，还应让其了解驻在国的基本情况、风俗习惯、法律法规等。对于大型国有企业，可以设立专业的对外公关部门，负责公开企业相关社会活动信息，规划企业履行社会责任的相关活动，并进行事前造势与事后宣传。政府可以进行统一培训、发放学习材料，让走出去的企业对"中国之治"有更加深入的了解，才能够做到有效宣讲。还可以设立专项资金，对此项工作开展效果好的企业予以奖励。

第三，政府和行业协会应发挥作用，对企业履行社会责任的情况进行监督和督促。目前，一些行业协会已经发布了企业社会责任指南，如中国五矿公司进出口商会的《中国对外矿业投资社会责任指引》。政府还可联合行业协会对企业社会责任进行定期评估，并将此结果与企业是否能够获得对外投资许可相挂钩，通过允许企业社会责任记录良好的企业进行海外投资，强化国内企业对企业社会责任的重视。

2. 企业调整层面

企业是责任主体，在履行社会责任、代表国家形象、推进民间人文交流方面具有至关重要的作用，亟须在社区融合、媒体宣传、发挥社会责任以及改善同非政府组织关系等方面有所改进和调整。

其一，中资企业应充分重视企业社会责任是获得持久竞争力的关键因素，可考虑在企业发展战略规划中加入企业社会责任这一专项。构建完善的社会责任评价体系，定期发布企业社会责任履行报告，同时推进企业自身道德的建设。对非投资企业应联合创建企业社会责任评价体系，将企业评价结果向社会公布。对企业开展社会责任评价，要围绕社会、经济和环境等方面，其中经济指标是基础性指标，因此，创建符合企业发展的社会责任评价体系，确保针对企业社会责任采取的管理机制与国际社会实现有序对接。①

其二，中资企业可考虑设立专业岗位或部门负责对外宣传，加强对人文交流活动的规划和实施。中资企业在非洲往往做得多、说得少，经常专注于建设而忽略了与当地民众间的互动与交流。为了使企业长期经营并获得持久竞争力，加强人文交流，做好宣传工作，改善企业形象必不可少。因此中资企业可聘用或培养专业负责外宣和改善人文交流的人才，设立配套支持，做好长远规划。

其三，中资企业应尽快适应企业社会责任的国际标准，并着力推动非洲的可持续发展，有效推动企业的社会融入进程。当前，联合国、经合组织、国际劳工组织等国际组织均制定了企业社会责任的国际标准，并获得国际广泛认可。已有近 9000 家企业签署了联合国全球契约。中资企业为进一步开放，实现国际化经营，也应积极适应国际标准。

其四，企业应在切实改善当地民生方面有所作为。中资企业应通过创造更多就业机会、转让技术、改善当地贫困和落后状况、提供奖学金、推动能力建设等途径，在与东道国政府建立良好关系的同时，加大对

---

① 王婷婷：《企业社会责任的法律规制》，《人民论坛》2017 年第 5 期。

社区发展项目的支持力度，树立长期参与和支持当地社区发展的理念，真正帮助非洲当地建立面向未来的可持续发展能力。

3. 个人配合层面

在个人层面，中资企业的中国员工在非洲保持着勤劳俭朴、吃苦耐劳的精神，这些品质应在企业社会责任建设和企业形象构建中得到持续发扬。而中国员工在遵守当地法律法规、了解当地风俗习惯以及保护环境等方面仍有所欠缺，是未来需要提升的方向。

民间人文交流落到实处是人与人之间的交流。在非洲的生活与工作中，中资企业员工将直接与当地民众接触与交流，是当前开展中非民间人文交流的重要参与力量。然而，许多赴非工作人员对非洲缺乏基本认知，对非洲的印象产生偏差，甚至在非洲当地与人接触过程中戴着"有色眼镜"看待当地人，最终造成中非企业员工之间的隔阂，小则影响企业经营，大则破坏中非友好。因此，各方要联合行动，务必加强对中资企业赴非人员的行前培训，不仅要使其对非洲当地法律法规有所了解，还需使其了解当地风土民情，以国际视野去看待非洲的现状。同时，员工个人也应加强理论学习，对中国治国理政、发展经验以及中非合作有充分的正确认知。在同非洲民众交往过程中，不断提升个人素质，逐渐改善非洲人对中国人的固有认知。此外，受疫情影响，驻外工作人员回国受限，思乡情绪深重，加之非洲国家疫情起伏，其在生理和心理上受到双重压力。中国政府和企业应给予在非工作的企业员工更多支持与帮助，实时进行干预和疏导，并考虑增加一定的工资补贴，以确保员工在做好自我健康防护的同时，顺利完成工作，继续开展正常生活。

四 中非民间人文交流：非营利性组织

营利性组织在中非往来中占据了重要的地位，并在无形中促进了中非民间人文交流，而非营利性组织也逐渐成为中非民间人文交流的重要主体，并在其中发挥越发重要的作用。本章将对当前参与中非民间人文交流的非营利性组织的现状、特征与问题进行梳理，并探讨其他国家的非营利性组织在参与人文交流中的有益经验，最后提出改进的政策建议。

（一）参与中非民间人文交流的非营利性组织的现状

非营利性组织是指不以营利为目的的组织。此类组织运用传播手段将组织的宗旨、目标以及其他相关信息告知社会公众，不断提升组织的影响力、获得广泛的知名度和美誉度，为组织的发展创造良好的社会环境。中非民间人文交流中的非营利性组织主要是志愿性的社会组织，其致力于公益事业，是区别于政府组织与经济组织的非政治组织形态。

在当前的中非民间人文交流中，非营利性组织是一支值得关注的力量，在推动中非人文交流，有效推动中非命运共同体建设上发挥着越发重要的作用。2000年，中非合作论坛成立后，在中国政府搭台的基础上，一批非营利性组织取得了不同以往的实质性发展，自主性和社会影响力不断增强，创建且举行了不少中非民间交往活动，部分活动效果良好，形成品牌效应。后文将对几个较有代表性的非营利性组织和项目进行介绍，以期对社会组织在中非民间人文交流中的现状有更加全面的了解。

1. 中国非洲人民友好协会（简称"中非友协"）

该协会成立于1960年4月，由中国17个全国性人民团体发起、20个全国性人民团体作为会员团体参与的全国性民间团体。在成立后到改革开放之前，中非交往的主要目的是在反帝反殖基础上加强互相支持和友好合作。非洲的民族解放运动领导人和青年，通过中非友协的支持来到中国，参加培训和学习，全面了解与考察中华人民共和国建设以及中国革命成功的经验。改革开放后，随着中非往来的增多，中非友协在保持原有对非政治交往的同时，开始向经济、文化以及地方政府等领域拓展，加深了中非民间交流，取得了可喜的成绩。2010年后，中非友协一方面继续结交非洲朋友，在非洲营造对华友好的社会氛围；另一方面，以宣传非洲、培养热爱非洲的中国人为己任，把在国内营造对非友好的社会氛围作为新的一项工作内容。1979—2011年，中非友协接待了来自52个非洲国家的400余批外宾，派出了近100批团组，访问了近50个非洲国家。在非洲54个国家中发展了33个国家的对华友好组织，近70个省市与非洲各国结成了110多对友好省市关系，并且从2012年至今已经成功组织了3届中非地方政府合作论坛，极大地促进了中非地方交流与合作。[①]

2020年12月9日，中非友协以线上线下相结合的方式在京隆重举办中非友协成立60周年庆祝活动。60年来，中非友协作为中非人民友好的历史见证者、贡献者和国际公平正义的坚定维护者，不断发展壮大，已发展成为中非民间友好的中坚力量。

---

① 冯佐库：《中非友协对非民间外交工作的回顾》，《公共外交季刊》，2012年秋季刊。

2. 中国民间组织国际交流促进会（简称"中促会"）

该组织成立于 2005 年 10 月，是具有独立法人资格的全国性非营利社会团体，主要由从事和平裁军、社会发展、科学教育、文化艺术、医疗卫生、生态环保、民主人权、民族宗教、政治司法、企业工商、公益慈善、扶贫助残和妇女青年等领域工作和研究的社会团体及人士组成，现有 310 多家团体会员。①

为推动中国与非洲民间合作，中促会于 2011 年发起举办中非民间论坛，迄今为止已经举办六届，形成规模性影响。2011 年 8 月 29 日，中促会和肯尼亚非政府组织协调委员会共同发出倡议，希望在肯尼亚内罗毕举办首届中非民间论坛，主题是"发展伙伴关系，共促中非友好"。来自不同领域的代表们围绕气候变化与粮食安全、非政府组织公信力与透明度等主题交流经验。② 2012 年 7 月，第二届中非民间论坛在中国苏州举行，共有来自 35 个非洲国家的超过 500 名民间人士参加，会议主题为"民意沟通、民间友好、民生合作"。2014 年 5 月，第三届中非民间论坛在苏丹首都

---

① 《中国民间组织国际交流促进会简介》，http：//www.cnie.org.cn/www/Column.asp? ColumnId=1&IsHide=0。

② 《首届中非民间论坛在肯尼亚首都内罗毕开幕》，国务院新闻办公室网站，2011 年 8 月 30 日，http：//www.scio.gov.cn/m/hzjl/zxbd/wz/Document/995055/995055.htm。

喀土穆举行，此次会议以"分享经验、深化合作、付诸行动——中非人民共同实现减贫脱困的目标"为主题。论坛通过成果文件《喀土穆报告书》，提出持续在民间交流、人才交流、民生服务和志愿交流等方面推动中非民间往来。2015年8月，第四届中非民间论坛在中国义乌召开，与会嘉宾围绕"共建中非命运共同体，开创民间友好新局面"的主题，通过"从民间视角看中非合作面临的新机遇"和"民间助力中非命运共同体建设"两个分议题展开讨论，将自己对中非命运共同体的希冀与展望充分表达。① 此次论坛还发布了《中非民间交流合作倡议书》，确定今后中非民间论坛与中非合作论坛部长级会议同步，每三年在中国和非洲轮流举行。2018年7月，第五届中非民间论坛在成都举办，来自中国和非洲30个国家的200余名嘉宾和代表围绕"凝聚民间力量，促进中非友好互信"的主题，深入交流思想，共商合作大计。论坛展示了中非民间务实合作成果，并发布《中非民间友好伙伴计划（2018—2020）》。本届论坛规格高、成果实、影响大，标志着中非民间交流合作进入新的发展阶段。② 2021年11月15日，第六届中非民间论坛开幕会在中

---

① 徐海娜：《休戚与共，合作共赢，共建中非命运共同体——第四届中非民间论坛侧记》，《当代世界》2015年第10期。
② 范桂芬：《凝聚民间力量构建更加紧密的中非命运共同体——第五届中非民间论坛综述》，《当代世界》2018年第8期。

共中央对外联络部举行。来自非洲 30 多个国家的政党政要、驻华使节以及中非民间组织负责人和智库学者等约 200 人，共同就"团结合作，共促发展，携手构建更加紧密的中非命运共同体"展开交流探讨。

3. 中非民间交流与合作促进会（简称"民促会"）

2019 年，民促会在"华侨华人与国家形象"——首届非洲华侨华人民间外交论坛期间正式成立。按照章程，民促会将以非洲各国华侨华人社团为成员单位，实行常任秘书长负责制、理事大会主席为非常任职务并由非洲各国主要社团会长和民促会副会长轮值担任的组织形式；确立了将致力于广泛联系非洲各国及国内有关民间组织交流人士、推动中非民间各组织参与中非间非政府组织的交流促进活动、积极开展中非民间交流、推动中非关系发展的职责与任务。民促会是中非民间非营利性、国际性、非官方的社会团体，具有社团法人资格，接受注册国政府管理机关的业务指导和监督管理，旨在打造中非民间开展多边交流与合作的平台，促进和引领华侨华人端正或提升形象，加强非洲华侨华人间团结互助，引导非洲华侨华人融入主流社会、维护华侨华人的合法权益、保持和弘扬优秀的中华传统文化，拉紧中非人民的情感纽带，为中非友好合作事业贡献民间力量。

虽然受到新冠肺炎疫情影响，但民促会已坚持举办了三届华侨华人民间论坛。在第三届论坛上，与会代表多次就《2021年中非民间外交倡议书》进行讨论，综合多方建议，发布了最终版本，提出了团结抗疫、加强经贸合作、倡导绿色理念、履行社会责任、反对种族歧视、参与电商经济、推动人文交流、促进和平统一、共建"一带一路"等九项倡议，与全球华侨华人共勉。

4. 相关基金会的公益项目

除上述民间交流机构外，中国扶贫基金会、中国青年基金会、中国福利基金会、红十字基金会等出资支持了不少中非民间公益项目及活动，取得了良好的成效。例如，2000年以来，中国扶贫基金会在苏丹、埃塞俄比亚和几内亚等多个非洲国家开展援助项目，收效良好。截至2012年2月，中国青年基金会依托"希望工程"项目在坦桑尼亚、肯尼亚、布隆迪和卢旺达非洲4国新（扩）建了22所希望小学。①

除传统的对外民生援助项目外，中非民间力量发起了一些新形式的慈善活动，运行良好，为中非人文交流增光添彩。其中，具有代表性的项目是"国际免

---

① 刘天南、蔡景峰：《中非人文交流：机制、局限与对策》，载李安山主编《中国非洲研究评论（2017）》，社会科学文献出版社2017年版，第158—159页。

费午餐"项目。该项目由《凤凰周刊》首席记者邓飞团队联合中国社会福利基金会（简称"福基会"）、中国红十字基金会共同发起。"国际免费午餐"非洲项目于2017年正式开始实施，面向非洲国家困难学校的所有儿童，按每个学生每天总计0.3美元（约合人民币2元）的标准提供早餐和午餐。2018年3月，三方联手设立"中国社会福利基金会分享爱公益基金"，负责项目的国内事务统筹。项目在非洲的执行则是由以中国留学生为主创建的非营利组织"造梦公益"（Dream Building Service Association，DBSA）负责。截至目前，项目已累计在肯尼亚等6国20余所学校顺利开展，覆盖人数超过6000人，并收到来自数十个国家的学校的开餐申请。

"国际免费午餐"非洲项目尽管起步较晚，规模不大，但它为解决非洲儿童饥饿问题摸索出了一种费用节省、质量可靠、效率高、可复制的供餐模式；在实现可持续性及进行规模性扩展方面进行了有益的探索；对中非互学互鉴加强非洲贫民窟综合治理进行了初步的尝试；凝聚和培养了一支具有国际化、本地化运作经验的高素质民间公益人士队伍；为华侨华人直接、广泛、深入融入非洲社会，实现中非"民心相通"提供了有力纽带；未来可以以项目学校及其所在社群为依托，缔造一个凝聚中非各界力量、着力实践人类命运共同体理念、融合减贫支教治理发展等功能的公益"核聚变反应堆"。项目在非洲的实践，还可以为"一带一路"沿线广大发展中国家普遍面临的营养与学校供餐问题的解决及更普遍的社会问题的治理，提供有益的启示。民间公益行动与中国政府的对非国际援助相互辉映，有助于彰显大国风范和提升文化软实力。①

（二）参与中非民间人文交流的非营利性组织的特征与存在的问题

上述非营利性组织参与中非民间人文交流具有典型的特征。

其一，非营利性组织在非洲的活动有显著的"以官带民、以友促经、以文促友"的中非民间外交特色。中国的非营利性组织发展起步较晚，仅靠民间力量难以形成推进人文交流的合力。同时，由于非政府组织经济实力较弱，因此，官方机构在当地有更大的影响力。如，中非友协、中促会等有一定官方色彩的机构更易开展与非洲国家官方间的活动，其可通过加强同非洲上层人士的往来，壮大友华力量。在此基础上，

---

① 石志宏：《"国际免费午餐"项目助力中非"民心相通"》，非洲研究小组，2021年11月20日，https：//mp.weixin.qq.com/s/dEpM-Ci6MhW6_PNIea88gCQ。

中非间的经贸活动便更易展开。这些机构与非洲间开展的人文交流活动主要以文化交流为主，具体方式包括举办展览、进行演出、创办杂志等。

其二，非营利性组织在非洲虽有明显的区域差距，但活动领域广阔，影响在持续扩大。由于非营利性组织更具独立性与灵活性，因而能够在更多领域开展形式丰富多样的人文交流活动。其从聚焦文化与艺术交流，逐渐扩展到青年对话、妇女、科技、智库、社会民生等多个领域。以环保领域的社会组织自然之友为例，该组织主要活动在中国境内，但21世纪以来，其参与的涉外项目尤其是同非洲的交往明显增多。2020年8月28日，自然之友携手非洲野生动物基金会、北京市朝阳区永续全球环境研究所、公民生物多样性保护联盟及非洲公民生物多样性联盟举办《中非青年参与生物多样性保护系列对话之一：人与自然和谐共处——共建青年一代向往的未来》线上对话活动。① 虽然活动领域和内容不断扩展，但非营利性组织在非洲的具体活动能力仍然存在差距。总体来看，有一定官方色彩的协会和基金会是非营利性组织开展对非民间人文交流的主力军。部分草根组织也受自身特点影响，

---

① 《中非青年对话回顾：保护生物多样性，除了热情还需要什么?》，自然之友官方网站，2020年9月1日，http://www.fon.org.cn/action/area/content/183。

与非洲的交往存在多层次多领域的特点。与此同时，受语言、经贸等因素的影响，非营利性组织在东部和南部非洲开展活动更多、影响力更大，在西部非洲的活动仍待发展。

其三，非营利性组织在非洲的活动有效地增进了双边关系，并在增强国家影响力、改善中国舆论环境以及维护我国利益方面起到了较为正面的作用。一是非营利性组织能够在中非交往中更加有效地维护中国国家利益。例如，作为环境政策智囊机构的环境政策研究所致力于规范中国企业境外投资的环境行为，并在2007年成功推动林业局和商务部发布《中国企业境外可持续森林培育指南》，帮助提升企业形象。二是非营利性组织推动了中非政府间的对话，在多边外交中发挥桥梁和纽带的作用。例如，举办中非合作圆桌会议的倡议在2010年时由中国前外交官联谊会提出，实现了从民间外交角度配合中非合作论坛，促进中非友好合作的构想，切实推动了中非合作论坛后续支持行动的落地。三是非营利性组织的相关活动丰富与拓展了中国对非援助。除此前提及的"国际免费午餐"项目外，中国扶贫基金会也是多元化援助主体中的重要力量。2009年10月，中国扶贫基金会在苏丹完成实地调查，打算在苏丹建起13个妇幼保健医院，第一所医院苏中阿布欧舍友谊医院已与2011年2月竣工。① 中国扶贫基金会专门成立了国际发展部,在苏丹之后还在乍得、肯尼亚等多国开展业务。

当然,在中非民间人文交流中,非营利性组织也存在一些问题。

一是半官方性质的组织依然在其中发挥绝对引领力量,纯民间项目较少。当前,从事中非民间人文交流的非营利性机构中绝大多数具有一定的官方色彩,这些机构在进行人文交流中不可避免地存在官方的宣传思维。李安山教授曾指出:"民间交往的本质既不是宣传,也不是增强所谓的'软实力',而是互相学习和互相理解的一种方式。民间交往绝不是为了体现一种'实力',这是平等交流的过程,没有优越感和自卑感。民间交往的目的是双向的:理解对方的文化从而为双方建立更好的关系打下基础;使对方更好地理解自己。如果以宣传方式代替民间交往,结果会适得其反,不但没有效果,甚至可能反应消极,中非关系可能会因此受到损害。"② 由此可见,中非民间人文交流中彼此认知与好感度的改善更多需要非宣传性的接触与往来。这也是自然之友、民促会等组织开展的项

---

① 吕晓莉等:《中国民间外交的基层力量——中国社会组织在民间外交中的作用研究》,中国政法大学出版社2014年版,第18页。
② 李安山:《民间交往:中非合作的基石》,《对外传播》2016年第5期。

目取得更好交往效果的原因。

二是受新冠肺炎疫情影响，一些机构和项目缺乏可持续的资金来源，面临人手缺乏、轮岗难等多方面的问题。疫情重创全球经济，给跨境旅行和国际交往造成严重障碍。非洲拥有世界上数量最多的最不发达国家，经济受到的影响更加严重。世界贫困时钟的数据显示，非洲的极端贫困人口总量在一年之内增加了3700万，贫困人口比例增加了2个百分点，抵消了2015年以来非洲在减贫方面取得的进展。① 在不利条件下，许多交流活动被迫改到线上举行，实际成交人远不及面对面交流的效果。此外，相关民间项目的筹资难度加大，面临无法持续开展活动的困境。还有一些项目的志愿者无法进行正常轮岗，生理心理面临双重压力。在疫情背景下，如何创新人文交流形式，提升线上交流的效果将是中非民间人文交流亟须解决的挑战之一。

三是非营利性组织的组织类型与活动方式较为单一，多是为了进行人文交流而开展活动，"润物细无声"的能力有待加强。从非营利性组织开展活动的现状可知，中非民间人文交流活动多以对话、论坛、文化交流等方式进行。部分机构开展活动仅维持了交往

---

① World Data Lab, "African Poverty Clock", December 20, 2020, https://worldpoverty.io/map.

频率，没有对如何提质增效进行深入思考和改进。尤其在疫情暴发后，部分活动被迫改为线上举行，一些非营利性机构如同完成额定任务一般召开会议，交流内容缺乏新意。事实上，中非民间人文交流应该是推进中非关系走深走实的重要基础。中非在合作抗疫、推进共建"一带一路"倡议、实施全球发展倡议、合力推动全球治理体系变革等方面的交往与合作取得了不凡的成就，是中非民间人文交流中可以持续宣传与推广的内容，但是在方式和方法上仍需细致思考，使得中国的发展与经验被更多非洲人民所认可，真正做到"润物细无声"。

（三）推进非营利性组织之间人文交流的相关对策

鉴于当前中国非营利性组织在参与中非民间人文交流活动中存在的问题，以及西方国家的非政府组织对非洲公民社会的持续深入影响，我们应对非营利性组织的功能定位、运行方式、管理方式等进行调整，发挥好非营利性组织的作用，真正有效推动中非民间人文交流，构建人类命运共同体。

其一，在功能定位方面，应积极拓展非营利性组织的对外援助功能，增加非政府组织的亲民性和灵活性。长期以来，中国的非营利性组织主要通过举办会议、对话、文化展览等方式参与文化交流与传播方面的活动。而西方国家的非政府组织在非洲更多进行的是援助活动，从援助效果看，其实施的对外交往活动通常是政府对外援助的重要补充，同时能够在这一过程中有效地传播援助国的相关理念和政策等。目前看，中国的非营利组织可以深入参与基层项目，在项目实施过程中将中国的特色援助理念和构建人类命运共同体等文化价值观传输给当地民众与社会精英，这样既有利于弱化中非间的文化冲突，也有利于深化中非关系的持续深入发展。在当前中美全面竞争的大背景下，中国非营利性组织对非洲进行的援助活动能够有效传递中国追求和平、助推非洲发展的决心，力证中国对非援助是平等互利、尊重非洲自主性以及"真实亲诚"的。因此，可以鼓励一些基金会开展对非援助项目，关注非洲国家的社会发展问题。

其二，在运行方式方面，应培养更加高效的非营利性组织，加强与第三方如联合国等组织的合作。中国的非营利性组织在对非援助项目中，应与政府协调步调，深入参与非洲发展治理，力求在非洲民众心中建立中国负责任的大国形象。此外，相关机构应积极探索有效的宣传方式，非营利性组织的宣传活动有时能起到事半功倍的效果。中国的非营利性组织在非洲开展了多项、有效的项目实践，但是因为宣传方面的限制，广大非洲民众并不了解。加之中国对非传播中存在传统的单向性主体论传播模式、僵化教条的功能主义传播思维等问题，导致传播效果大打折扣。在当前非洲青年群体数量众多，政治精英代际转换的时期，中国非营利性组织需探索有效宣传方式，重视社区融入，加强对普通民众的宣传。此外，中国非政府组织应该积极参与联合国开发计划署、世界粮食计划署、联合国儿童基金会、联合国人道主义事务协调办公室和联合国项目管理办公室等联合国附属机构、世界银行、亚洲开发银行的人道主义援助和发展援助活动，进一步提高其实施援助的能力。

其三，在管理方式方面，政府应加强对非营利性组织的引导和管理，加强与纯民间组织的沟通与交流，建立更加稳定有效的政府与非政府组织间的关系。中国非营利性组织在对非民间交往中仍然以半官方性质的组织占据主导，这与中国非营利性组织发展起步较晚有密切的关系。西方国家的非政府组织虽有更多的民间力量支持，但政府对这些机构的引导、管理和控制力较强。以英国为例，英国文化委员会成立于1934年，长期承担维系英联邦联系的文化纽带、通过实施文化外交提升英国国际影响力的公共外交重任。为配合庆祝中英建交30周年，英国文化协会与其他机构合作，于 2003 年在中国开展了一场大型公关活动——"创意英国"，希望通过展示英国的时尚和科技等来改变世界各地的公众对守旧英国的看法，重塑英国的国家品牌形象。[①] 可见，除完善法律，为非营利性组织"走出去"提供必要的制度保障外，政府应对非政府组织的活动进行统一引导和管理。一方面，考虑充分借助非政府组织的力量，让私人领域的资本参与到国际援助中，扩大援助的规模；另一方面，通过非政府组织参与国际人道主义救援，将援助资金更加直接且有效地用于当地民众，提升资金利用率，达到更好的援助目的。在国际援助中，还可采用招投标的方式，以透明的市场化操作进行援助资金的分配。而且，非政府组织对国际援助的参与、意见和声音，包括批评和压力，还可以提高官方发展援助的透明度。此外，政府需要积极鼓励非营利性组织从事专业性和多样性的对非交往活动，引导民间组织向对外援助的重点领域开展有针对性的救援，从而更好地塑造中国形象，在援助过程中提升人文交流效果。

---

① 刘贞晔：《非政府组织及其非传统外交效应》，《国际观察》2012 年第 5 期。

五　中非民间人文交流：知识界

知识界是中非民间人文交流的重要组成力量，通常包括留学生教育、高校校级交流合作、职业技术教育合作、智库交流以及教育援助等方面的参与主体。近年来，中非知识界的交流与合作不断取得新进展，成为中非民间人文交流的重要力量。

（一）中非民间人文交流中知识界的现状、特征与问题

根据《新时代的中非合作》白皮书，中非人文交流中知识界的合作越发深入。中非支持双方学术研究机构、智库、高校开展课题研究、学术交流、著作出版等多种形式的合作，优先支持开展治国理政、发展道路、产能合作、文化与法律等课题研究与成果分享，推动壮大中非学术研究力量。80余个中非智库

与学术研究机构参加"中非联合研究交流计划"。2012年,中非合作论坛第五届部长级会议倡议实施"中非智库10+10合作伙伴计划",建立"一对一"长期合作关系。2019年4月,中国非洲研究院在北京成立。①

1. 中非民间人文交流中知识界的现状

目前,中非民间知识界的交流与合作主要包括留学生往来、职业教育、高校交往、智库交流、教育援助五个方面。

(1) 留学生往来

中非知识界的民间正式往来从留学生教育开始。1956年,中国与埃及建交后,埃及政府便向中国派遣了留学生,这一批留学生成为中国的首批非洲留学生。据统计,2000—2011年,中国为非洲各国提供的政府奖学金名额从1154人增至6316人,增长了近5倍。②后来,在中非合作论坛多份行动计划的政策保障下,截至2020年,中国累计向非洲国家提供了约12万个政府奖学金名额,在非洲46个国家合作建设了孔子学

---

① 《新时代的中非合作》,新华网,2021年11月26日,http://www.news.cn/world/2021-11/26/c_1128101798.htm。

② 中国教育部国际合作与交流司:《新世纪中国与非洲教育交流与合作的回顾与展望》,载张宏明主编《非洲发展报告(2011—2012)》,社会科学文献出版社2012年版,第71页。

院和孔子课堂，拓宽了中非语言文化交流之路。① 除通过设立中国政府奖学金外，部分省市如北京、上海、重庆等地也为非洲国家设立了地方奖学金，方便当地学生来华。另外，一些与非洲有学术往来的高校以及国开行、华为等大型企业，也纷纷设立各类奖学金，既丰富了非洲学生的来华渠道，为其提供更加多元的学习机会，也在一定程度上增进了中非间的人文交流。

除去公费来华留学的非洲学生外，20世纪90年代起，一些家境较好的非洲学生陆续选择自费来华。21世纪以来，非洲自费来华留学的学生人数大幅增长，并在2005年首次超过了非洲公费来华留学的学生人数。总体来看，由于中非关系的迅速发展以及中国发展模式和经验对非洲吸引力的增强，无论公费还是自费的非洲来华留学生数量都呈现快速增长的态势。据中国教育部的统计数据，2019年，非洲来华留学生人数达到49792人，在全国来华留学生总数中所占的比例不断提升。留学生生源国覆盖范围稳定，"一带一路"沿线国家成为来华留学发力点。来自亚洲和非洲的生源较上一年分别有6.5%和19.47%的增幅。② 中

---

① 《外交部：携手打造文化共兴的中非命运共同体》，中华人民共和国中央政府网站，2020年10月27日，http://www.gov.cn/xinwen/2020-10/27/content_5555161.htm。

② 《教育数据：2019年全国来华留学生数据发布》，山东教育网，2020年2月28日，http://www.jxdx.org.cn/gnjy/14176.html。

国已成为非洲学生的重要留学目的国。此外，非洲来华留学生的专业选择已从传统的农业、医学和语言类逐步拓展到经济、管理、教育、地质勘探、电子商务、国际政治等诸多领域。

与此同时，也有一些中国留学生前往非洲。早在中华人民共和国成立初期，中国就向埃及派出7名留学生，主要学习对象国的语言、文学和历史等专业。1996年，国家留学基金管理委员会成立以来，围绕着中国政府制定的科教兴国、人才强国等一系列战略决策，从保障选派质量到突出重点建设，从完善管理体系到增加留学效益，从总结有益经验到汲取各类教训，进一步探索和提炼出适合中国国情的、有针对性地选拔和培养高层次人才的途径，为国家现代化建设和各项事业培养了一大批急需的人才。[①] 1996—2013年，我国向非洲派遣留学生101人，其中，公派前往非洲国家的中国留学生数量逐年增加。这些学生是留学对象国了解和认识中国的窗口。公派留学生作为与国外民众直接接触的群体，是公共外交和民间外交的重要力量。留学生的言行举止直接影响着外国民众对中国形象的看法。曾有一位在坦桑尼亚学习斯瓦希里语的中国学生，其采访的坦桑尼亚人认为中国人带来了许

[①] 杨晓京等：《亚非地区留学研究——中国派遣亚非非通用语留学生状况与人才战略研究》，社会科学文献出版社2016年版，第48页。

多工作机会,给他们树立了良好的榜样。他们表示,中国人吃苦耐劳的精神令他们印象深刻。中国的一些优秀电视剧,如《媳妇的美好时代》等,被翻译成斯语后在当地热播,使当地人十分向往中国人的生活,对中国人的好感与日俱增。不过一些坦桑尼亚人是通过西方媒体或街头传言来了解中国,这就造成了一些对中国人的误解。

通过留学生间的往来,中非双方彼此增进了了解。非洲留学生在华学习回国后,许多成为国家栋梁之材,为非洲国家的建设和发展作出了重要贡献。同时,一些中国留学生通过在非洲的学习和交往,了解了更加真实的非洲。中非留学生成为名副其实的增进中非友谊的使者,进一步促进了中非友好。

(2) 中国与非洲的职业教育合作

职业教育被认为是促进就业、摆脱贫困、实现教育均衡发展的重要途径,非洲从独立之初就对发展职业教育给予了极大的关注和很高的热情。但20世纪80年代以来,非洲许多国家的职业教育发展一直较为迟缓,职业教育服务经济建设、开发人力资源的功能未能得到较好体现。21世纪以来,非洲大陆经济出现良好发展势头,但很多国家的青少年失业、失学问题仍然突出,贫困和教育公平问题困扰着非洲经济和社会的可持续发展。职业教育的重要功能和作用被重新认识，并被重新写入到一些国家的教育发展规划中。在此背景下，开展对非职业教育援助成为新时期中非教育合作发展的重要内容。目前，中非职业教育合作的主要形式有三种：一是中国在非洲援建职业教育机构与培训机构；二是中国为非洲培训各类职业技术人才；三是中国向非洲提供教育教学物资和技术援助。[①]

在上述职业教育合作形式中，直接推动与促进中非民间人文交流的方式主要是第二种，即中国为非洲培训各类技术人才。中国教育部于2003年年初在天津职业技术师范大学建立了中国第一个教育援非基地，主要承担对非洲国家的职业教育师资培训、派遣援非职业技术教师、为中非职业教育合作提供咨询等。在"一带一路"倡议提出后，教育部2015年下半年到天津交流职业教育问题时，提出职业教育服务"一带一路"，要专注技术技能，专注系统化学历教育，探索在境外创设"实体化"合作载体，进而创办了鲁班工坊。目前，鲁班工坊已成为中非职业教育的品牌项目。

鲁班工坊的主要工作是培养技术人才和推广交流职业教育文化，采取学历教育与职业培训相结合的方式，向世界各国尤其是发展中国家输出中国职业教育优质资源和中国优质产品技术。与此同时，鲁班工坊

[①] 陈明昆：《非洲职业教育发展与援助研究》，北京大学出版社2020年版，第207页。

通常会选择双方影响力较强的相关院校合作建立实体性机构，分享中国职业教育优质的职业技术和职业文化。鲁班工坊秉持平等合作、优质优先、强能重技、产教融合、因地制宜的原则，聚焦先进制造业、现代服务业等领域，联合培养当地熟悉中国装备和技术、了解中国产品和标准的技术技能人才。

目前，非洲是鲁班工坊数量最多的地方，这与中非关系友好以及中非发展需求互补性高密不可分。2019年3月28日，经过两年时间的持续建设，由政府、学校、企业共同建设的吉布提鲁班工坊启动运营。该工坊是落实习近平主席提出的中非合作"八大行动"中"非洲鲁班工坊"建设任务的重大成果，是中国在非洲第一家鲁班工坊。3年来，中国在非洲建立了12家鲁班工坊，从东非到南非，从西非到北非，分布在吉布提、肯尼亚、乌干达、马达加斯加、南非、马里、科特迪瓦、尼日利亚、埃及、摩洛哥等国。3年来，非洲鲁班工坊实现了中国标准、中国模式、中国装备与中国方案的整体输出。越来越多的非洲青年，渴望通过鲁班工坊提升技能，找到就业和发展新机遇。目前，非洲鲁班工坊共开设27个专业，覆盖11个专业大类，为合作国家培养了大量技术技能人才。同时，也为中资企业在非发展培养了急需的非洲本土化技术技能人才，为中国技术、中国产品"走出去"搭建了优质平台。①

（3）高校交往

20 世纪 80 年代，中非高等院校之间开启了交流与合作。据悉，截至 2006 年，中国共有 20 所大学与非洲 29 个国家的 35 所大学建立了校际联系。② 2009 年 11 月，中非合作论坛第四届部长级会议上，中非双方提出倡议实施"中非高校 20 + 20 合作计划"，其目的在于引导鼓励中非高校之间建立长期稳定的合作伙伴关系，创新中非高校合作模式，全面深化中非之间的教育合作。2010 年 6 月，"中非高校 20 + 20 合作计划"正式启动，中方代表主要有北京大学、天津中医药大学、苏州大学等 20 所高校，将与非方代表包括埃及开罗大学、加纳大学、尼日利亚拉各斯大学等 20 所高校分别建立"一对一"的合作伙伴关系。该计划为中非高校交流规划了框架，提供了平台，推动中非高校之间开展了多项务实有效的合作交流项目。具体包括学者互访、学生交流、教师培训、学术研讨、科研合作、孔子学院建设、联合培养研究生、共同开发课程等。中国教育部为上述往来提供了大量的资金支持，为中非高校间的人文交流保驾护航。

---

① 《我市在非洲建设 12 个鲁班工坊》，《天津日报》2021 年 11 月 30 日。
② 刘宝利：《中国教育交流蓬勃发展》，《人民日报》2006 年 9 月 21 日。

与此同时，中非高校联合共建孔子学院也得到快速发展。自 2005 年 12 月肯尼亚内罗毕大学孔子学院正式揭牌后，经过多年发展，目前中国已在非洲 45 个国家建立了 62 所孔子学院，在 20 个非洲国家设立 48 个孔子课堂，非洲成为全球孔子学院发展最有活力、办学成效最好的地区。2020 年 6 月，中国国际中文教育基金会在中国民政部注册，该基金会由 27 家高校、企业和社会组织联合发起，其目标是通过支持世界范围内的中文教育项目，促进人文交流，增进国际理解，为推动世界多元文明交流互鉴、共同构建人类命运共同体贡献力量。该基金会的成立符合国际惯例和各方期待。同年 7 月，"孔子学院"品牌由该基金会全面负责管理和运营，成立"中国国际中文教育基金会"。孔子学院转由基金会运作后，虽然运作机构和模式发生了变化，但中外方合作机构为孔子学院提供的支持和服务将更有力、更多元、更优化。基金会将充分发挥筹资渠道广泛的优势，吸引和凝聚中外企业、社会组织、各级政府以及社会各界和个人积极参与，为孔子学院建设和发展注入更加强大的动力。① 孔子学院在非洲开展汉语教学、举办文化交流活动、推广中国文

---

① 《孔子学院未更名　改由基金会运行符合国际惯例》，中国新闻网，2020 年 7 月 6 日，https：//www.chinanews.com.cn/gn/2020/07-06/9230535.shtml。

化方面发挥了积极的作用，为推进中非民间人文交流打下了重要的基础。

（4）智库交流

近年来，非洲智库在国际活动中日趋活跃，参与非洲本土治理与全球议程的影响力快速提升，同时在促进非洲经济改革以及非洲地区一体化、泛非问题以及智库"二轨外交"方面发挥着重要作用。[①]《全球智库发展报告2019》公布的数据显示，当前非洲智库总数为699家，占比8.48%。非洲智库发展的自主性不断加强，智库质量和全球影响力得到一定的提升。近年来，非洲智库发展与中非智库合作的相关话题受到各界关注。2011年起，中非智库论坛每年举办，至今已举办了十届，影响力和知名度日益提升。在中非智库论坛中，中国和非洲国家有关高校及其研究机构是主要参与方，该论坛为推动中非智库交流、加强中非学术研究作出了积极且重要的贡献。

2018年，中非合作论坛北京峰会通过的《中非合作论坛—北京行动计划（2019—2021年）》中提出，中非双方应成立专门机构支持中非学术界建立长期稳定的合作，鼓励论坛和相关机构开展联合研究，在中非智库论坛框架下建立中非智库合作网络，为中非合

[①] 王珩、于桂章：《谱写中非智库合作新篇章》，《中国社会科学报》2018年9月13日。

作发展提供智力支持。[①] 2019年4月，中国非洲研究院挂牌成立，成为中非合作论坛北京峰会"八大行动"之一的人文交流方面的首要行动。中国非洲研究院旨在同非洲各国深化文明互鉴，加强治理和经验交流，为中非共同推进"一带一路"合作，建设面向未来的中非全面战略合作伙伴关系，构筑更加紧密的中非命运共同体提供智力支持和人才支撑。中国非洲研究院将着力发挥交流平台作用，密切中非学术交往，深化相互了解，促进民心相通；发挥研究基地作用，组织开展共同研究，助力中非共建"一带一路"；发挥人才高地作用，为中非合作培养高端专业人才；发挥传播窗口作用，讲好中非友好合作故事。在中国非洲研究院牵头下，中非智库举办了一系列交流活动，开展了联合研究，推动了中非知识界的人文交流，为推动中非关系发展，构建人类命运共同体提供理论支撑和智力支持。

（5）对非教育援助

除了机构与人员往来之外，中国还向非洲提供了多样的教育援助，并不断探索援助方式，积极推进中非民间人文交流。中国对非洲的教育援助大致有四种方式，一是直接提供教育物资，如教材、书包、笔记

[①] 王珩、王丽君：《非洲智库发展与中非智库合作现状》，《中国社会科学报》2020年6月14日。

本、课本、桌椅等。一些教育机构和企业时常开展此类活动。二是援建相关基础教育设施，如希望小学、职业培训中心、远程教育网络等。其中较有代表性的项目是援助吉布提基础教育学校项目，中国在其首都吉布提市援助建设了包括教学楼、行政办公楼、运动场和室外步道、绿化等配套设施在内的总面积约 6000 平方米的一所中小学。该项目于 2015 年 6 月开工，2017 年 9 月投入使用，由于基础设施完善，该校目前已跻身吉布提重点中小学行列。吉布提总统盖莱对此高度评价，他认为该项目"将推动吉布提教育事业的发展，对提升吉布提民众的教育环境发挥重要作用"。[①] 此外，华为还根据合同帮助埃及建立了远程教育网。三是技术合作，派遣相关领域的专家与志愿者前往非洲国家进行农业、医疗等方面的技术指导与合作。中国帮助非洲国家建立农业技术示范中心，派遣医疗队等。中国前往非洲的专业技术人员与志愿者们在非洲切实开展服务与技术培训，帮助他们提高收入，摆脱疾病的困扰，与非洲人民建立了深厚的友谊，推动中非民间人文交流的发展。例如，中国专家在利比里亚开展竹藤编织技术合作，向当地近 500 人传授竹藤编织技能，不仅有助于当地民众增加收入、扩大就

---

① 吴传华、郭佳、李玉洁：《新时代中非人文交流与合作》，中国社会科学出版社 2018 年版，第 27 页。

业、摆脱贫困，也促进了利比里亚竹藤产业的发展。中国的志愿者服务也在中非教育援助中发挥了积极作用。例如，援利比里亚志愿者成功救治严重腹裂畸形新生儿，获得"非洲之星"勋章。援埃塞俄比亚志愿者改良甜瓜种植法，当年使果农获得大丰收；志愿者传授的沼气池修建方法，帮助当地民众有效利用清洁能源。① 对此，非洲人民给予了很高的评价。四是通过相关国际组织设立教育基金，开展对非援助，增强教育援助的机制化与规范化，从而更好地推动中非民间往来。中国政府于2012年在联合国教科文组织设立了援非教育信托基金，为期四年（2012—2015年），每年提供200万美元。这是中国首个通过国际组织实施的教育专业领域的多边合作项目。2011年，时任国务委员刘延东在访问非洲时宣布设立该基金。援非信托基金已实施多年，在非洲和国际社会都产生了很好的反响。在中国政府与联合国教科文组织双方协商并照顾到非洲国家自身愿望基础上，共有包括埃塞俄比亚、科特迪瓦、纳米比亚、刚果（金）、刚果（布）、利比里亚、乌干达和坦桑尼亚等八个非洲国家参与了该项目。该项目旨在重点提高撒哈拉以南非洲教师的教育

---

① 《中国的对外援助（2014）》白皮书（全文），中华人民共和国商务部网站，2014年12月5日，http：//yws.mofcom.gov.cn/article/m/policies/201412/20141200822172.shtml。

水平，缩小质量差距，通过开展教育信息化提升非洲项目国家重点教师教育与培训机构的能力，推动有质量的全民教育目标和与教育相关的千年发展目标（MDGs）的实现。通过在联合国组织框架下开展教育援助，中国的对外援助将更加符合国际惯例，同时更易被非洲国家接纳，减少西方国家对中国的抹黑与批评。

2. 中非民间人文交流中知识界的特征与存在的问题

中非民间人文交流中知识界的往来具有以下特征。第一，各项制度保障较为完善，充分尊重非洲自主性。近年来，习近平主席多次强调知识界在推进中非民间人文交流以及构建人类命运共同体中的积极作用。他在出席"一带一路"国际合作高峰论坛开幕式时指出："我们要建立多层次人文合作机制，搭建更多合作平台，开辟更多合作渠道。要推动教育合作，扩大互派留学生规模，提升合作办学水平。要发挥智库作用，建设好智库联盟和合作网络。在文化、体育、卫生领域、要创新合作模式，推动务实项目。"[①] 在2018年中非合作论坛北京峰会上，习近平主席指出："携手打造文化共兴的中非命运共同体。我们都为中非各自灿烂的文明而自豪，也愿为世界文明多样化作出更大贡献。

---

① 《习近平谈治国理政》第2卷，外文出版社2017年版，第514页。

我们要促进中非文明交流互鉴、交融共存,为彼此文明复兴、文化进步、文艺繁荣提供持久助力,为中非合作提供更深厚的精神滋养。我们要扩大文化艺术、教育体育、智库媒体、妇女青年等各界人员交往,拉紧中非人民的情感纽带。"[1] 2021年11月中非通过的《中非合作论坛第八届部长级会议达喀尔宣言》中提出,"人文交流对中非人民增进了解、传承友谊和拓展合作具有重要意义。新形势下,中非双方应进一步扩大教育、科技、体育、卫生、旅游、青年、妇女、媒体和文化领域交流合作,包括通过共享信息和向来源国返还非法采挖、偷盗或走私文物,加强打击文物走私交流合作。中非将加强智库和地方政府合作,增进民心相通和文明互鉴,厚植中非友好事业的社会基础。"[2] 在上述讲话与文件精神指导下,中非知识界的交流与合作具有充分的制度保障,且更多涉及技术转让与非洲发展,尊重非洲的自主性。

第二,配合中非共建"一带一路"倡议与非洲"2063年议程",设立项目并加强合作,满足经济发展需求。在中非合作引领下,中非知识界的交流与合作逐渐转向帮助非洲获得经济发展机会,并在中非职业

---

[1] 《习近平谈治国理政》第3卷,外文出版社2020年版,第450页。
[2] 《中非合作论坛第八届部长级会议达喀尔宣言(全文)》,中华人民共和国外交部网站,2021年12月2日,https://www.mfa.gov.cn/wjbzhd/202112/t20211202_10461066.shtml。

教育、智库交流以及科技合作等领域获得较大的发展。这些合作多以项目形式开展，既方便灵活，也易于管理和实施。中国对非职业教育培训对于非洲的发展意义重大。总体而言，职业教育可以为非洲国家经济发展与转型培养大量的对口国家建设需求的职业技术人才。非洲是全世界最年轻的大陆，拥有超过 2 亿的青年人口，他们需要获得专业技能并实现就业。大量青年人口的就业如无法得到妥善解决，将严重威胁国家稳定。因此，中非之间通过加强职业教育培训，确保非洲青年人口获得技能，将有效助力非洲国家实现工业化转型和经济多元化发展。目前看，我国政府、职业院校或是企业推动开展的各类对非职业教育培训，大部分是在中非合作的框架内，围绕中非经贸合作、非洲基础设施建设、农产品加工等非洲主体经济领域推进，充分体现了人才培养与非洲本土经济发展的一致性。① 此外，中非开展职业教育合作适时探索适宜非洲的发展模式，在工程建设中通过师徒模式进行"传帮带"，培训效果更好，切实帮助非洲培育了大量产业工人。

第三，知识界的交流活动形式多样，参与主体与合作内容越发广泛。随着中非合作的持续深入，中非

---

① 刘亚西、陈明昆：《"一带一路"倡议下的中非教育合作：内涵、类型与特征》，《教育与职业》2019 年第 11 期。

知识界的交流与合作不仅集中在教育援助、孔子学院和留学生培养等方面，近年来，还创新教育合作模式，与非洲开展合作办学、引入第三方合作，如联合国、世界银行等设立项目、创设国际教育基金、建立智库定期交流机制以及开展科技合作项目等。例如，2010年以来，中国和南非重点在生物技术、传统医学、可再生能源、古生物学、农业和粮食安全、公共健康、水资源等领域开展了大批科研合作项目，其中在水资源领域开展了两项旗舰项目，双边科技联合研究带动了学者交流、信息分享以及科技人才的培养。① 在参与人员方面，从较早的援非专家学者、技术人员、培训机构人员逐渐扩大到研究学者、普通学生等多个群体。

第四，以推动非洲发展为导向，注重提升能力建设。2011年发布的《中国的对外援助》中，中方提出应帮助受援国增强自主发展能力。2014年，《中国的对外援助白皮书》在"加强能力建设"一项中介绍了中国"授人以渔"的援助理念，强调"通过人力资源开发合作、技术合作、志愿者服务等方式，与其他发展中国家分享发展经验和实用技术，帮助发展中国家

---

① 牛长松、武长虹：《中国—南非科学技术领域联合研究调研报告》，载徐薇、刘鸿武主编《中国—南非人文交流发展报告（2018—2019）》，浙江大学出版社2020年版，第128—129页。

培养人才，增强自主发展的造血功能"，充分说明中国高度重视对受援国技术人才的培养。在全球化不断发展、全球问题日益增多、人类命运密切相关的当下，非洲的发展不仅将惠及自身，还将深刻影响全球的发展进程。中国积极同非洲国家开展知识界的人文交流，为的是更好地向非洲国家展示中国的发展经验，有力推动文明交流互鉴，从而构建更加紧密的中非命运共同体，合力应对各种新的挑战。正因如此，习近平主席"希望中国非洲研究院汇聚中非学术智库资源，增进中非人民相互了解和友谊，为中非和中非同其他各方的合作集思广益、建言献策，为促进中非关系发展、构建人类命运共同体贡献力量"。[①]

尽管中非知识界的人文交流发展迅速，并取得积极成效，但依然面临一些问题与挑战。

一是非洲教育水平和中非教育合作的水平依然有限，亟须提升。非洲长期受到西方殖民列强奴役和剥削，多元文化受到破坏摧残，造成文化产业发展落后，教育事业起步晚，基础薄弱，教育水平落后于全球平均水平。与此同时，非洲青年人口数量快速增长，但许多国家受经济落后的影响，无法给予教育行业更多的财政支持，教育投入远远不足，使得非洲多国面临

[①] 《习近平向中国非洲研究院成立致贺信》，《人民日报》2019年4月10日。

教育普及率低、资源配置有限、战略规划欠缺、地区差异显著、教育环境设施落后、教师缺口大等问题。根据联合国的数据评估，到2050年时，全球新增人口中的一半，也就是12亿人口将出生在非洲。这部分新增人口的受教育问题将是非洲未来亟须面对的巨大挑战。由此可见，非洲的教育形势无论是现状还是未来前景都不容乐观。要实现联合国2030年教育领域可持续发展目标，确保公平、包容的教育权利，提供终身学习的机会，非洲还面临一系列困难和挑战，有些目标的实现甚至有可能遥遥无期。① 与此同时，中非知识界的往来多是教育领域的合作，且以政府合作机制为主，参与的主体以及资源配置都比较有限。此外，中非双方互派留学生还存在不对称性问题，中国已成为非洲留学生重要的目的地国之一，但中国学生前往非洲的多是公派学生，且学习通用语种的占多数，总量仍然较少。

二是中国的一些文化中心和孔子学院项目在非洲遭遇来自西方的抹黑和当地部分民众的压力。西方国家对于中国的抹黑和打压在特朗普上台执政后愈演愈烈，"中国威胁论""新殖民主义""债务陷阱"等谣言甚嚣尘上。拜登上台执政后，美国政府推出价值观

---

① 刘秉栋、楼世洲：《非洲2030教育可持续发展目标》，《中国社会科学报》2017年6月22日。

外交，进一步加大对非洲输出"民主""人权"等西方"普世价值"，对中国在非洲文化中心和孔子学院的建设进行干扰和破坏，指责中国对非洲进行"文化殖民主义"和"文化渗透"，导致非洲当地出现对孔子学院的质疑声音。近期，西方国家联合其相关基金会、智库、媒体等捏造中国对非合作中的"问题清单"，联合非洲当地对中国实施问责。英国非营利机构企业责任资源中心2021年8月发布的报告称，2013—2020年，国际社会对中国在非洲商业行为的指控高达181起，涉及的国家包括乌干达（27）、肯尼亚（23）、津巴布韦（23）和刚果（金）（16）等。西方国家对中非人文交流活动的破坏行为虽无法撼动中非友好合作的大局，但仍将对中非民间交往和认知造成负面影响。

三是部分合作项目资金有限，缺乏专业人才和师资，还存在地域分布不均等问题。中非知识界开展的合作项目尤其是自然科学研究项目，联合研究的经费十分有限，只能用于双方学者的交流和参加国际会议，起到补充作用。经费不足限制了中非开展大型科研项目的可能性，缩短了项目周期。除科研项目缺乏资金外，中非之间在技术转移、教育培训等方面也面临人才和师资缺乏的问题。以师资问题为例，虽然中国每年都在加大力度向非洲孔子学院派遣大量的专业教师和志愿者，竭力满足非洲对汉语学习的需求，但供需矛盾依然突出。与此同时非洲国家或多或少存在治安条件差、生活艰苦、易感染疾病等问题，尽管我国积极提升孔子学院教师的薪酬水平，但依然比不上我国在非其他大企业的薪酬待遇。在上述因素的共同作用下，非洲孔子学院对人才的吸引力下降，难以长期留住专任教师，进一步加剧了师资短缺的问题。此外，从孔子学院在全球的分布来看，非洲地区仍然存在需求缺口大、地区分布严重不均的问题。事实上，尽管孔子学院在西方国家的发展遭遇一定的阻力，但仅美国一国的孔子学院数量却远超整个非洲地区的孔子学院数量的总和。而且在设立孔子学院的国家中，"绝大多数为发达国家或中等发达国家，发展中国家数量十分有限"[①]。据统计，非洲的发展落后问题导致非洲各国拥有的孔子学院的平均数仅为 1.37 所，远低于世界其他地区和国家，并不能满足非洲国家学习汉语、了解中国文化的强烈需求。

（二）世界范围内他国的相关做法

在知识界对非开展文化交流与教育合作方面，西

---

① 郭晶、吴应辉：《孔子学院发展量化研究（2015—2017）》，《云南师范大学学报》（哲学社会科学版）2018 年第 5 期。

方发达国家与印度等新兴发展中国家都开展了积极的探索，取得了一定的积极成果。这些国家知识界与非洲开展交流与合作的部分项目值得细致研究，相关经验和教训可作为借鉴。

1. 西方国家知识界同非洲交流与合作的相关做法

由于历史原因，欧洲国家在文化方面对非洲影响较深，在非洲独立后，以欧洲为首的西方国家仍试图通过与知识界的合作维持在非影响力。

其一，西方国家侧重以援助方式开展知识界对非交流与合作。发达经济体自第二次世界大战结束后相继设立对外援助机构，对包括非洲在内的发展中国家提供援助。教育作为社会民生的重要领域，一直是西方国家援助关注的重点。多年来，西方国家将大量的教育援助投入非洲的高等教育、基础教育以及师资培训等领域，并将管理模式与经验等灌输给非洲，对非洲的教育体系产生了持续的影响。英国通过英国文化协会加强知识界同非洲的往来，例如，英国文化协会给60多万非洲青年提供领导力、创业和其他与工作相关的技能培训，还通过国际发展部（DFID）的"学校伙伴项目"与"连接教室项目"，与3000多个学校以及大学等教育机构建立了联系，覆盖了550万人。日本对非教育援助侧重基础教育领域，相继推出了"非洲人才培养构想""扩充初·中等教育"等计划,被视为是推动减贫、实现非洲发展的重要举措。

其二,西方国家知识界对非合作与交流中注重传播西方价值与青年的作用。西方国家非常重视在意识形态领域增强对非洲的影响力。当前,非洲近60%的人口年龄在25岁以下,到2050年,非洲人口将达到全球总人口的1/4,非洲青年将对非洲乃至世界未来的发展产生至关重要的影响。对此,西方国家积极调整在教育、研究等领域的对非政策。英国对非教育交流通过非洲知识转移伙伴关系等项目,将非洲的研究中心、大学以及企业聚集起来,使其接触英国的各项理念。非洲大学中建立的知识转移小组推动新产品的产生、带来了经济效益、创造了就业机会,项目也为优秀的毕业生提供了锻炼机会,为他们未来成为行业领袖打下了基础。[①] 欧盟第五届欧非峰会即以"投资青年,为了可持续发展的未来"为主题,以赋能青年为理念,以服务青年为重点,以赢得青年为目的调整了对非教育合作。具体而言,欧盟采取更加柔性的"规范性力量"对非洲教育施加影响,其"在兼顾安全和短期社会经济发展的前提下,技巧性地通过前瞻性、战略性布局,采取教育合作、学生交流等形式,应对

---

① 王磊:《世界大国(地区)文化外交——英国卷》,世界知识出版社2013年版,第230页。

短期和长期范围内欧洲各领域人才需求的挑战，同时对非洲青年的社会道德价值观施加潜移默化的影响，进一步巩固其在世界范围内的'道德高地'的地位"①。

其三，西方国家知识界对非交流与合作专业化程度高，积累了丰富的管理经验。由于西方国家同非洲在教育、智库、研究等方面开展交流较早，实施项目较多，因此建立起了一套较为完善的项目设计、实施、调整、评估和监督机制。总体而言，西方国家知识界同非洲进行交流与合作时，由国家援助机构负责牵头、基金会与非政府组织积极参与的模式，形成了事前调研、事中监督、事后评估的项目管理机制，并听取多方意见，使得西方政府的相关战略和政策在人文交流中得到实施和推广。

2. 新兴经济体国家知识界同非洲的交流与合作

21世纪以来，新兴经济体国家在国际舞台群体性崛起。为增强国际影响力，印度、巴西等国以南南合作为基础，结合自身所长，纷纷开展同非洲在知识界的交流与合作，推动了与非洲的人文交流。

---

① 张军广、楼世洲：《赢得青年就赢得未来：欧盟对非教育援助新理念——基于2017年"非—欧峰会"主题的分析》，《比较教育研究》2018年第12期。

印度是新兴经济体中较为重视同非洲开展教育合作的国家。除采取向非洲提供奖学金的传统途径外，印度利用自身优势，大力开展对非远程教育。其中，成立于1985年的英迪拉·甘地国立开放大学拥有全球最大的远程教育中心，已同包括加纳、埃塞俄比亚、肯尼亚、纳米比亚、尼日利亚、博茨瓦纳、乌干达和马拉维八个非洲国家建立了合作关系，持续扩大在非洲的影响力。此外，印度还积极参与非洲高等教育机构的建设，以期深入非洲的发展，推动能力建设。印非之间高等教育领域具有代表性的联合机构大致有印非行政/规划与教育研究所（布隆迪）、印非钻石研究所（博茨瓦纳）、印非信息技术研究所（加纳）、印非对外贸易学院（乌干达）、印非股票交易学院（埃及）等。"这些机构设立的目的在于分享印度的科技经验，提升非洲青年的技能和帮助他们获得学位，提高在劳动力市场的竞争能力，以增强印度在非洲高等教育领域的软实力。"①

巴西对非洲的关注与交往虽不及印度，但也在金砖国家以及印度巴西南非对话论坛的框架下逐渐加强同非洲的教育合作。巴西通过先天的语言优势及联系，与安哥拉、佛得角、赤道几内亚、莫桑比克以及圣多

---

① 田小红、程媛媛：《印度对非高等教育合作的路径、特点及对中非高等教育合作的启示》，《比较教育研究》2020年第1期。

美和普林西比五个非洲葡语国家开展合作。巴西和非洲的教育合作重点涉及教师培训、课程开发、教育管理、数字化教育、专业教育等领域，同时将注重提高高等教育机构的能力、评估高等教育机构的绩效等，例如，巴西圣保罗大学将为安哥拉公民提供硕士学位教育，巴西南里奥格兰德联邦高等研究中心将在佛得角大学参与开设第一门有关农学的课程。巴西高等教育机构还将为来自非洲的留学生提供奖学金。[①] 上述活动显著增强了巴西在非洲葡语国家民众尤其是青年人心中的知名度，提升了巴西的国家影响力。

（三）推进中非知识界开展民间人文交流的建议

通过分析中非知识界开展民间人文交流存在的问题并借鉴世界其他国家的相关经验，未来知识界可以在中非民间人文交流中发挥更加重要的作用。中国可以从政策导向、资金投入、项目支持等多方面加强知识界与非洲的沟通与往来，从而以知识交流促进民众的彼此认知，推动民间人文交流获得实质性进展，这对于促进中非精英互知互信、夯实中非合作基础、构

---

① 邓莉：《巴西加强与非洲的高等教育合作》，《世界教育信息》2013年第14期。

建人类命运共同体具有重要的意义。

首先,在政策导向方面,中非知识界可以采取的措施有三。

一是中非知识界的人文交流应以尊重非洲自主助推其发展能力建设为核心目标。近年来,非洲在国际舞台中的自主意识逐渐增强,对于西方国家的介入与干涉深恶痛绝。与之相对应的是,中非合作历来尊重与维护非洲国家的领土和主权完整,秉持不干涉内政的原则,受到非洲国家的普遍欢迎。这也是中非关系持续发展、中非友谊历久弥坚的核心原因。因此,中非知识界的合作与交流应以尊重非洲自主性为基本导向。同时,发展一直是多年来困扰非洲的关键问题,而发展教育、共享知识则是解决非洲发展问题的重要举措。鉴于中国近年来取得的发展成就,中非双方知识界的人文交流能够实现发展经验的有效互鉴。唯有推动非洲发展能力建设,才能使中非知识界的民间人文交流获得实质推进与持久发展。

二是中非知识界交流应注重中非自身知识体系的交流与建构,跳出西方中心主义。由于西方国家的先发优势,其在对非教育合作方面有着知识体系普及性广、意识形态影响力大、机构设置针对性强以及项目管理经验丰富等特点。尤其在话语体系建构方面,西方中心主义依然影响着中非教育合作。然而,随着21

世纪以来新兴发展中国家的群体性崛起以及西方国家对非援助的持续低效，许多非洲国家同新兴发展中国家开展合作，取得了显著的成效。中非双方应加强知识体系的交流与构建，避免西方化。

三是中国对非教育合作与交流需提升本土化水平，切实解决非洲面临的问题。中非知识界的交流与合作应准确把握非洲本土重点领域不断变化的需求，适时调整目标和对策等，有针对性地为非洲国家提供教育援助与支持，帮助非洲国家加强能力建设，促进受援国长期的、可持续性经济社会发展。同时，中非之间应加强研究与知识的分享，建设中非间区域性的网络社区，使得中非知识界的交流成果能够得到迅速且广泛的传播与推广。

其次，在行动配合方面，中非知识界加强人文交流的途径有四。

一是发挥自身所长，在职业教育、农业技术、医疗卫生等方面加强对非洲的援助与支持。目前，鲁班工坊、中非农业技术合作示范中心、中非农业互派专家与技术人员、中国援非医疗队和中国援非抗疫等项目持续开展，效果显著，切实推动了非洲发展，受到非洲国家的欢迎。中国可继续推进鲁班工坊建设，为非洲发展提供急需的专业技术人才。通过在农业领域持续开展知识共享与人才培训，帮助非洲提高农作物产量与经济收益。在抗击疫情方面，除加强信息共享，提供力所能及的抗疫物资外，中国还持续向非洲提供新冠疫苗。

二是补齐短板，在基础教育、科学研究、人才储备、智库交流方面投入更多建设资金与精力。在基础教育领域，长期以来，我国对非教育援助更加侧重职业教育与高等教育，虽然该领域能够尽快取得援助收益，但结合非洲的实际情况以及为中非民间人文交流的长远发展考虑，中国应加大对非洲基础教育领域的援助力度，扩大中非民间交流的受众面，以取得事半功倍的效果。在科学研究领域，中国可加大新兴领域，如数字化、气候变化等方面的研发投入，为中非科研合作提供资金和制度保障。中国还可部分借鉴美国的经验，充分发挥信息技术的作用，与非洲国家的高等教育机构开展广泛交流与合作，根据双方实际情况进行远程教育、共同课程开发和图书馆数字化建设，这样可以进行优势互补，扩大受益面和影响面。[①] 在人才储备和师资培养方面，中国应加大对语言人才和教师的培养力度。随着中非合作的深入发展，越来越多的非洲青年人对中国文化感兴趣，希望学习汉语。然而，中方在汉语教师以及当地通用语种人才的培养方面仍

---

① 程伟华：《中国对非洲智力援助：理论、成效与对策》，博士学位论文，南京农业大学，2012年。

有欠缺，应加以改善。在智库交流方面，西方国家通过其非政府组织等与非洲开展的交流更加频繁与密切。中国需加强中非智库的交流与合作，重视国际传播的专业性，提高国际话语表达的有效性，切实提升中国在非形象，助推民间人文交流。

三是增强合作项目的机制建设和专业化运作程度，提升管理与运行效率。西方国家在非洲实施的教育合作项目在管理水平与日常运作方面经验更加丰富，建立了一整套完善的运行体制。中国可适当借鉴西方国家的经验，加强对非教育合作项目的协调、管理、实施和评估等方面的机制建设。在管理模式方面，可借鉴美国对非教育援助从顶层设计到整体推进的运作模式和经验，从宏观上把握非洲高等教育发展所亟待解决的关键问题，并考虑非洲不同国家和地区大学高等教育环境和显著差异，在整合资源和统筹协调的前提下，有效地解决当前中非大学合作项目的零散性、随意性等不足，提升中非高等教育合作的效益和质量。[①]

四是积极开展三方或多方合作，在多行为体互动中潜移默化地增强中国的影响力。目前，英法等非洲前宗主国在对非教育合作中仍然发挥着主导作用，且影响力依然强劲。以法国为例，其通过"精英教育"

---

① 余蓝：《美非"下一代学术人才"项目述评——兼谈对中非高等教育合作的启示》，《西亚非洲》2014 年第 2 期。

传播其法式价值理念，非洲说法语的国家长期受法国文化潜移默化的影响，其政商领袖几乎全部在法国接受国高等教育，如喀麦隆、马里、中非共和国、突尼斯等国首脑都有在法国求学的经历。[①] 非洲国家的诸多政治精英接受欧美教育，对于西方国家的制度、模式等有较强的认同感，我国在对非开展教育合作中，需要考虑到这一因素，可考虑同英法等国探索三方合作。同时，我国还可以继续加强与联合国教科文组织等国际组织的合作，建立多方合作协调机制。"中国—联合国教科文组织信托基金项目为中国教育援非工作双边和多边协调机制的发展提供了一个很好的案例，双边为多边项目实施提供资源和支持，真正做到双边与多边的有机结合、相互促进与协调发展。"[②] 中国充分借鉴多方经验，在尊重非洲的同时发挥主观能动性，将中国方案与中国智慧融入中非知识界的交往中，将为中非民间人文交流提供强大助力。

---

① 殷悦：《中国和法国在非洲开展三方合作问题初探》，《国际研究参考》2016年第1期。
② 薛莲：《中国对非洲教育援助研究：以中国—联合国教科文组织信托基金为例》，社会科学文献出版社2020年版，第204页。

六 中非民间人文交流：华侨华人

华侨华人是中外交往的桥梁，是中外人文交流的主力军。虽然非洲华侨华人数量在六大洲中数量最少，却是21世纪以来增长速度最快的。非洲华侨华人在很大程度上影响了非洲民众对中国人的认知，塑造了中国在非洲的国家形象。随着中非经贸合作的快速发展，尤其是历次中非合作论坛及"一带一路"倡议提出后，前往非洲的中国人快速增加，壮大了非洲华侨华人的队伍。与此同时，这些前往非洲的中国人与非洲当地社会展开互动，成为构建人类命运共同体进程中推进民心相通的重要力量。

（一）非洲华侨华人的群体特征及面临问题

非洲华侨华人有广义与狭义之分。从广义上讲，凡生长、生活、工作在非洲大陆的中国人都可以被认为是非洲华侨华人。广泛定义中，并不分来自中国内地还是港澳台，不管从事任何职业、具有何种身份，也不用考虑是否取得居住国国籍，仅以血缘来鉴别。从狭义上讲，非洲华侨华人主要指1978年改革开放以后，从中国内地前往非洲经商、求职和求学的中国人。他们被统称为新侨，一般不包括公派人员、港澳台同胞和老侨。这些前往非洲经商、求职和求学的中国人是非洲华侨的主体，基本上没有加入居住国的国籍。[①]非洲华侨华人的数量一直没有准确的统计数据，不同学者给出的数据也有较大差异，但中国国内学界基本上认为当前华侨华人在非洲的数量超过100万。李新烽等撰写的《非洲华侨华人报告》提出，截至2019年年底，非洲华侨华人的总体数量较2012年有所下降，约为100万人。受新冠肺炎疫情影响，近两年在非华侨人数应有一定程度的减少。但鉴于国际航班数量限制，这个下降态势缓慢且平稳，在总数上依然保持稳定。

1. 在非华侨华人的群体特征演变

非洲华侨华人的群体特征随着历史演进不断发生变化。最早到非洲的华人很可能是被荷兰殖民者从东

---

① 李新烽、[南非]格雷戈里·休斯等：《非洲华侨华人报告》，中国社会科学出版社2019年版，第18页。

南亚地区运去的囚犯。18世纪初，非洲才出现来自中国的自由移民。19世纪80年代后半期，由于南非发现金矿、毛里求斯移民政策的改变以及南非与葡属东非铁路的开通这三个因素，大量华人移民南非，这些人大多是契约劳工。华人在非洲起初主要分布在毛里求斯、马达加斯加、塞舌尔、留尼汪等印度洋岛国。华人数量增多后，逐步组建了华人社区，早期劳动和自由移民社区有以下特点。一是大部分华人都经历了一个从苦力、流动商贩到商人的艰难困苦过程。二是早期的华人在创业中团结互助，这是他们商业活动成功的基本保证。三是为了保护自己的利益，华人已经组建了自己的组织，特别是商业组织。四是华人在经商活动中手段灵活，因而十分成功，时常引起当地白人移民的妒忌和无端指责。[①] 上述人群在与非洲当地交往过程中，促使当地民众对中国人有了最初的印象。

进入20世纪尤其是辛亥革命后，非洲华侨华人在数量上快速增长，还出现了两次人数增长的高峰。第一次是民国初年至20世纪20年代，第二次是抗日战争时期。这一时期到非洲的华侨华人多是来务工经商。在抗日战争时期，华侨华人积极为国内筹措善款。根据国民党中央海外部1941年的报告数据显示，非洲华

---

① 李安山：《非洲华侨华人史》，中国华侨出版社2000年版，第164页。

侨为伤兵之友捐款数为 68123.23 元；毛里求斯华侨的捐款数为 17790.89 元、法郎 100 枚。① 华侨社团大量涌现，在这一时期这些侨团除了有明显的爱国意识和援助国内抗日的特点外，开始对当地社会进行自我适应与调整，并保留与发扬中国文化。非洲当地对华侨华人的印象有所改观，认为华侨勤奋、能吃苦、受教育程度高、经济状况好等。中华人民共和国成立后，随着中国对非援助的增加，大量劳工赴非参与援非重点工程，这些劳工为非洲国家建设贡献了重要的力量，也给非洲民众留下了积极正面的华人形象。

改革开放后，中非双边关系的持续发展使得中国赴非洲的移民数量增多，国内的发展也促使更多的企业到非洲建厂投资，一些民营企业家开始向非洲移民。21 世纪以来，中非经贸关系快速发展，在非华侨华人数量持续增长，华侨华人社团的数量也出现快速增长的态势，社会功能性持续拓展。非洲华人社团经历了一个从传统到现代，从靠忠义维系社团到靠会章组织社团，从组织单一到组织多样，从生存诉求到多种诉求的发展过程。② 一些华侨华人社团组织在媒体宣传方面开拓进取，创办了许多中文媒体和报纸，推动在非

---

① 黄小坚、赵红英、丛月芬:《海外侨胞与抗日战争》，北京出版社 1995 年版，第 218—219 页。
② 袁南生:《走进非洲》，世界知识出版社 2011 年版，第 240 页。

华侨华人的事迹、信息等为更多人所知。比如，非洲华文传媒集团以2009年创办的《非洲华侨周报》为起点，将媒体业务拓展至非洲多国，传播的语种涵盖了汉语、英语以及茨瓦纳语、斯瓦希里语等非洲语言，该集团还在坦桑尼亚建立新闻学院，培养当地的新闻人才。《非洲华侨周报》总部设在博茨瓦纳，是一份综合性华文报纸。报纸内容关注非洲华侨华人生活动态，记录海外华人历史，反映当地社会热点时事和社会动态，及时为华人读者提供信息资讯。该报现已由博茨瓦纳逐步拓展至赞比亚、坦桑尼亚、南非等非洲各国，是旅非华侨华人交流的平台，是读者认识非洲各国和了解中国的一个窗口。除了报纸外，非洲华文传媒集团还于2013年和2014年分别成立"非洲广播网"和"非洲侨网"，进一步拉近了非洲民众与中国和世界的距离。①

受中非交往持续深化的影响，华侨华人在非洲当地的形象也变得丰富起来。总体而言，新侨和老侨共同塑造当代非洲华侨华人形象，他们用自己勤劳的双手为非洲各行各业的发展作出了贡献，赢得了非洲当地人的赞誉，树立了拼搏奋斗、与非洲人民平等和谐

---

① 李新烽、李玉洁：《新面孔与新变革：中国媒体改变非洲传媒格局》，《湖南师范大学学报》（社会科学版）2018年第3期。

相处的良好中国形象。① 但同时，在西方媒体及当地媒体的抹黑和渲染下，华侨华人在非洲当地的形象受到负面影响，加之部分中国人自身存在道德问题，也容易被西方炒作利用。

2. 在非华侨华人群体存在的问题与面临的挑战

华侨华人在非洲生活，需要获得生计收入，同时积极融入当地生活。近年来，随着中国实力的持续增长，中非经贸合作深入开展，世界主要大国也纷纷加强了对非洲的关注度。华侨华人是中国在非洲的形象代表与传播的窗口。在百年未有之大变局下，华侨华人在非洲的生活也面临新的问题与挑战。

在内部层面，一是一些在非华侨华人不尊重当地风俗习惯，甚至触犯当地法律等。许多新侨是出于生计考虑，前往非洲投奔亲友或开拓经营市场，其对非洲的认知较为匮乏，甚至存在认为非洲人懒惰、日日买醉、生性野蛮等偏见。一些华侨华人对当地风俗习惯不甚了解，更不懂得当地法律。

二是在非华侨华人普遍存在语言问题，无法深入了解当地社会的具体情况，还可能因语言障碍而引发不必要的矛盾冲突，给人文交流带来负面影响。相较

---

① 张梦颖：《非洲华侨华人形象的历史演变与提升》，《陕西师范大学学报》（哲学社会科学版）2019 年第 6 期。

于在非洲扎根较早的老侨,新侨的外语能力普遍较弱。这与中国赴非经商、务工人员数量快速增长及中国企业在当地管理较为封闭均有关系。例如,许多在尼日利亚的华侨华人由于存在语言障碍,缺乏对当地官员、民众等的整体认知,引发了不必要的矛盾,严重挫伤了民众对中非民间人文交流的积极性。

三是一些中国商贩出售假冒伪劣产品,甚至从事违法犯罪活动,造成恶劣影响,给当地民众留下了非常不好的印象。中国是制造业大国,许多民营企业在非洲从事转口贸易,将中国物美价廉的商品出口到非洲,满足了民众的日常需求。但有些商贩为了牟取暴利,以次充好,将一些质量堪忧的商品倾销到非洲,在当地造成了极其恶劣的影响。

四是一些中国企业和商贩在非洲的经营活动占领了当地市场,挤压了当地民众的就业空间。改革开放后,中国制造业快速发展,随后开启了"走出去"的步伐。中国商品快速进军非洲市场,在南非、尼日利亚、埃及等非洲大国迅速扩张。中国商城、唐人街等也在非洲多个国家建立起来。中国廉价日用品以及纺织品在惠及广大当地消费者的同时,也冲击了尼日利亚本土制造业。①

在外部层面,一是非洲国家的安全形势不容乐观,

---

① Hamisu Muhammad, "Nigeria: Country Loses 160 Textile Companies", May 2, 2007, https://allafrica.com/stories/200705020253.html.

局部动乱、恐怖活动、政权更迭时有发生，威胁到华侨华人的生命财产安全。非洲一直是全球安全形势最严峻的地区之一。21世纪以来，在非盟及非洲地区组织的调停与干预下，非洲国家发生政变的次数显著下降。非洲传统安全问题有所缓解，但非传统安全问题越发凸显，部分非洲国家内部骚乱、政权更迭、地区恐怖主义蔓延，海盗活动、跨境犯罪等有增无减。例如，2016年以来刚果（金）、索马里、苏丹等国战乱不断。2018年，桑给巴尔、刚果（金）陆续爆发基孔肯雅热和埃博拉疫情。2019年，南部非洲等地降雨量减少，遭遇严重气象灾害。2020年，新冠肺炎疫情暴发，非洲国家遭受巨大冲击，南非发生多起恶性排华事件，马里、几内亚、苏丹陆续发生政权更迭，萨赫勒地带、莫桑比克北部的恐怖组织势力蔓延，尼日利亚、刚果（金）、塞内加尔接连发生绑架华侨华人、勒索赎金事件。在非华侨华人的生命财产安全持续受到威胁，加之在非华侨华人经商者较多，出门常携带大量现金，易成为犯罪分子袭击的目标。

二是西方媒体及在非NGO组织对中国形象的抹黑和恶意炒作，影响了当地民众的对华态度，使在非华侨华人受到牵连。21世纪以来，中非合作深入发展与中非关系持续升温引起西方国家的担忧，其陆续炮制"新殖民主义""中国威胁论""债务陷阱论"等，编造谣言抹黑和挑拨中非关系。拜登政府上台以来，一方面利用美国媒体、非政府组织和学术机构等散布中国导致非洲陷入"债务陷阱"以及中国加剧非洲国家独裁与腐败等谣言；另一方面大肆收买非洲国家政客、媒体和非政府组织来抹黑中非合作。例如，美驻津巴布韦大使馆以一篇文章数百美元的价格收买该国及周边国家记者发掘涉华负面报道，无端指控中铁和中水电集团通过中介公司和刚果（金）与美国银行向卡比拉家族在美账户转移数百万美元资金，并造谣中国将接管乌干达恩培德国际机场等。西方媒体及在非NGO的种种炒作行径影响了非洲普通民众对中国的态度，在非华侨华人因此成为被牵连的对象。

三是在非华侨华人不仅需要承受新冠肺炎疫情带来的内外挑战，还需应对因防疫等问题与当地社会发生冲突的不利局面。疫情发生后，非洲国家大多执行严格的管控措施，使一些非洲民众丧失了生计来源。加之西方媒体和非洲部分国家反对派等为抹黑中国，提出所谓"病毒溯源论"，时任美国总统特朗普甚至在公开演讲中称新冠病毒为"中国病毒"。在内外双重作用影响下，许多不明真相的非洲民众将疫情导致的生活境遇的改变归结到中国身上，尼日利亚部分议员甚至提出向中国索赔。南部非洲地区，尤其是南非在2020年7—8月发生了大规模反华排华事件，部分华商店铺遭到打砸抢烧并被洗劫一空,还有7名同胞在此次排华运动中失去生命。此外,由于疫情管控,在非华侨华人回国难,在当地遇到纠纷和困难时投诉无门,其除担心自身健康安全外,还面临经营困难的状况。

(二) 华侨华人在推进中非民间人文交流中的独特作用

2000年中非合作论坛成立后,非洲华侨华人数量增长较快,这些新侨经历了国内的现代化建设成果,对中国模式与中国经验有更加准确的认知。在共建"一带一路"和构建中非命运共同体理念提出后,在非华侨华人能够在推进中非民间人文交流中发挥更加重要的作用。

第一,通过人际往来,将中国的对非政策、中国人的优良品质传递给非洲。华侨华人与非洲当地民众直接接触,他们是中国形象的最佳展示,总体而言,在非华侨华人普遍具有吃苦耐劳、顽强拼搏、亲和友善、勤俭节约的精神风貌。非洲人也认为中国人的这一系列特征是中国实现经济腾飞的重要原因。在非华侨华人长期的付出收获了回报,有不少人成为当地社会精英,进入上流社会,在与当地高层交往中能够推动非洲国家精英阶层对中国印象的改善与好感度的提升，在民众中逐渐产生示范效应，在改善中国在非洲形象的过程中起到事半功倍的效果。非洲各国政坛都有一定数量的华人政治精英，例如，2004年成为南非首批华人国会议员的黄士豪和张希嘉、2006年成为约翰内斯堡市首位华人议员的孙耀亨；塞舌尔的第一任总统詹姆斯·曼卡姆（中文陈文咸，祖籍广东顺德）、原工程部副部长李华荣都是华人；尼日利亚华人朱南扬被政府授予"伊凯贾工业区酋长"职位，参与政府决策；在毛里求斯，华人参政更为活跃，旅游部长、万花艺术娱乐部长、检察总长等职务华人均曾担任过，首都路易港的市长职位也多次由华人担任。[①]

第二，通过"一带一路"倡议、中非治国理政交流等，华侨华人、中资企业能够切实推动非洲国家现代化建设，夯实中非关系的民意基础。中非共建"一带一路"与中非治国理政经验交流是助力非洲发展、夯实中非合作的重要举措，这些政策的执行与项目的开展与华侨华人的贡献密不可分。非洲国家长期面临人才短缺、财政收支不平衡、失业率高等问题。大批华侨华人在非经商，其务实肯干，有力扩充了非洲当地的资金与人脉网络；其通过招商引资、兴办工厂等，

---

① 金正昆、朱凌昆：《试论中非关系中的侨务公共外交》，《暨南学报》（哲学社会科学版）2016年第12期。

为当地提供大量就业岗位，有力推动了非洲经济结构的转型升级。与此同时，"一带一路"倡议实施后，在非华侨华人除了承包一些工程项目，推动当地经济增长外，还由于长时间生活在海外，能够详细掌握当地情况，加上先前自身经营的经验与教训，具有足够的能力帮助需要到非洲地区投资的中资企业完成市场调研和政治风险评估。中资企业在海外的陌生环境中取得华侨华人的帮助和合作，可以在海外投资中避免雷区，最终实现中资企业海外投资的成功。[①] 在治国理政经验交流中，中资企业是中国发展的建设者和亲身经历者，对于中国好的经验与做法有深入的了解，因而可以将上述经验与管理方法引入非洲。华侨华人熟知非洲当地的情况，故而可将中国经验进行适度本土化改造，使其在非洲发挥更大的作用。非洲拥有丰富的资源和大量青年人口，如得到合理运用将助力非洲实现重大发展。中国长期秉持"授人以鱼不如授人以渔"的援助政策，华侨华人正是将中国"真实亲诚"的对非交往理念和现代化建设的有益经验介绍给非洲的最佳人群。

第三，华侨华人及其社团组织通过开展丰富多彩的文化交流活动，将中国传统文化与中国形象有效地

---

① 黄智春：《试析非洲华侨华人在"一带一路"倡议推进中的作用》，《四川省社会主义学院学报》2020年第3期。

传递给非洲国家。文化交流是促进相互理解，提升中国软实力的重要方式。近年来，华侨华人的数量和团体在非洲迅速增长，为紧密联系当地华侨华人，我国国务院侨务办公室每年都会在春节派出高水平的演出团组赴非洲为当地侨胞带去新春的祝福。2011年，国务院侨办文化品牌活动——"文化中国—四海同春"春节慰侨演出团首次赴非洲演出，增进了当地民众对博大精深的中国传统文化的了解和认知，促进了中非之间的文化交流，展示了开放、文明、自信、包容的良好中国形象。除官方活动外，每逢中国传统节日期间，在非当地的侨团组织也会举行文化交流活动，这些活动加深了当地民众对中国文化的了解，促成了中非间文化活动的举行。津巴布韦华联会就是个很好的例子。在中国节日庆典期间，津巴布韦华联会组织华人举办了"才艺秀"，这个活动吸引了一些当地人走上舞台，展现他们在中国音乐和武术方面的才艺。华联会为此专门向"全国各地才艺无处施展的年轻人"广发英雄帖，于2014年举办了津巴布韦"达人秀"活动，于2015年举办了"梦想秀"活动。新打造的选秀活动的消息传遍津巴布韦各地，引起了人们的浓厚兴趣。2016年，这个活动吸引了5000名参赛选手。由此，津巴布韦华联会成为一些当地农村青年的"梦想工厂"，被其视为可以改变命运的平台，一些年轻人为了到哈拉雷参赛甚至徒步跋涉数日。①

第四,非洲华文传媒组织及华文学校在展示真实中国形象、传承中国文化方面功不可没。华文传媒组织是海外华人了解中国和非洲的窗口,中非可以通过传媒组织加强信息沟通,增强侨团组织的凝聚力。同时,华侨华人不仅对当地社会较为熟悉,还了解中国人的阅读习惯,相关文章内容更易被双方国家民众接受。因此,华文传媒组织是增进中非民间人文交流的重要纽带与桥梁。相关报道显示,最早的华文媒体是1895年在毛里求斯创刊发行的《毛里求斯华文报》,其目的是为了向成员提供关于中国的消息。② 经过百余年的发展,到21世纪初,非洲(主要是南非、毛里求斯、马达加斯加、留尼汪)已有47种华文媒体。目前,《非洲华侨周报》《非洲时报》《南非华商》等华文媒体发展迅速,近年来随着微信等新兴媒体的普及,许多非洲国家的华文媒体建立了微信公众号,发布驻在国国内新闻等相关信息,取得显著收效。《非洲华侨周报》的创办者南庚戌曾提到:我们踏足传媒业无非是想更好地传播祖国文化,助力祖国软实力传播。当

---

① 刘海方:《当代非洲华人社会的社团发展及在中非关系中的作用》,载李安山主编《中国非洲研究评论(2017)》,社会科学文献出版社2017年版,第127页。

② 李安山:《试析非洲华人报刊的历史演变与社会功能》,《华侨华人历史研究》2001年第3期。

然，还有一个最主要原因是当地80%或以上的华侨华人不懂英文，这样我们的报纸就为大家提供一个了解当地的窗口，我们报道华侨华人社区，更报道当地社会。因为华侨到了一个国家，你首先需要了解这个国家，华文报纸能为在异国他乡的华侨华人介绍祖国的发展情况和非洲各国的商机。一方面促进华侨华人事业发展，另一方面提供精神食粮，拉近侨胞对祖国的心理距离，提高认同感，增进华人社区的凝聚力。而由华侨华人投资的英文报纸则能更直接地传递华侨华人社区声音，与西方媒体争夺话语权。[①] 华文学校则在维护和传承中华文化方面发挥着重要的作用。华文学校的教育能够推动华侨华人后代继续熟悉与了解中国文化与文明，使其拥有中华民族的"魂"。非洲的华文教育是从20世纪初才开始出现的，1911年在毛里求斯创办的新华小学是非洲华侨开办的第一所华文学校。目前，大致有57所华文学校在非洲落地生根，这些学校在南非、毛里求斯、马达加斯加和肯尼亚等国发挥着积极作用。由于其非官方性，更易被当地民众所接受，相关教学方式也更符合非洲的需求。

---

① 徐薇：《华侨华人在非洲的困境与前景展望》，《东南亚研究》2014年第1期。

（三）促进华侨华人发挥更佳作用的对策建议

推动华侨华人在对非民间人文交流中发挥更加重要的作用，应以政府政策支持为引导、华侨华人社团组织积极参与为主体、华侨华人个人职能完善为基础，形成政府、群团组织和个人的联动共进，从而为在百年未有之大变局下维护中国利益，实现中华民族的伟大复兴贡献积极力量。

1. 政府引导

第一，要做好领事保护工作，为在非华侨华人的人身财产安全提供有力支持。自2004年以来，中国已成为世界上仅次于美国的第二大海外公民遇险国。我国的领事保护仍然存在内部协调机制不够通畅、法律保障不够健全，领事人员短缺，缺乏专项基金，保护手段难以应对新形势等诸多问题。[①] 疫情暴发以来，非洲地区安全形势持续恶化，针对我在非人员和企业的恶性案件数量显著上升。当前，领保服务工作也存在一些缺陷。有学者对坦桑尼亚的华商进行问卷调查和

---

① 钟龙彪：《保护中国公民海外安全与权益研究综述》，《求知》2011年第11期。

走访后发现，大多人对中国驻坦大使馆持负面态度。他们普遍认为，大使馆不仅对华商的遭遇不闻不问、对其求助请求拖沓怠慢，还偶尔公开发表不利于华商的言论。与此同时，中国驻坦桑尼亚大使馆对自发到非洲经营的华人也持负面态度，认为他们散乱差，低端无序，要求他们自我组织、自我教育、自我管理和自我保护。① 除加大力度开展领保活动外，政府应推动驻非领保部门改善工作态度，建立健全合理考核和评价机制，还可考虑适当增加领保人员的编制，改善待遇，切实发挥领保部门的主体责任，成为在非华侨华人的坚实后盾。

第二，鼓励国内"侨乡"地方政府发挥主观能动性，运用好华侨华人资源，推进地方与非洲国家的经贸、文化往来。从来源地看，前往非洲的华侨华人主要来自福建、广东、江苏和浙江等地。这些地方政府应加倍珍惜自身拥有的华侨文化与侨乡资源。地方政府可以加强与在非侨领与侨团组织的联系，为其提供相应的物质与精神支持，这样不仅可以增进侨乡与侨胞的感情交流与联系，还可以推动国内企业、中国文化"走出去"，带动侨乡经济增长，推动中非民间人文交流。

---

① 庄晨燕、李阳：《融入抑或隔离：坦桑尼亚华商与当地社会日常互动研究》，《世界民族》2017年第2期。

第三，加大对赴非经营生活的各类侨民的培训与教育，使其对非洲当地的风俗文化有初步了解，并加强对党和国家最新方针政策的宣传和普及，真正使在非华侨华人成为展示真实中国形象、宣传中国经验的传播者。鉴于赴非经商、定居的侨民教育背景、生活经历有很大不同，语言水平与学习水平也有很大差异。我国政府及相关派出机构如大型国有企业等应加强对其在语言、风俗、习惯、文化、法律等方面的培训，可考虑根据不同类型的侨胞提供有针对性的差异化的培训方案。同时，将党的最新方针政策用朴实、准确和生动的方式进行表述，让这类人群对中国的发展有客观的认知，从而改善华侨华人在非洲当地的形象，对传播中国经验与中国方案有积极作用。

2. 华侨华人组织的主体作用

华侨华人团体应成为推动中非民间人文交流的重要力量。近年来，在非侨团及社区已逐渐形成规模，在维护华侨华人利益、宣传中国文化、带动当地经济发展方面发挥了重要作用。

一是起到承上启下的纽带作用，通过侨团组织可以与我国驻非使领馆和国内各界有更加密切的联系，也可将各类信息快速通知到个人。以人体做比，如果说政府是大脑中枢，华侨华人是具体器官，华侨华人组织则是神经与血管，他们将中国国内与驻在国的各项信息政策传达给当地华侨华人，还组织各类活动，为华侨华人与驻在国政府交涉，为其争取合法权益。因此，在非华侨华人组织应充分肩负起主体责任，发挥枢纽作用。

二是通过组织举办各类活动在非洲当地增加影响力，增强凝聚力。在非华侨华人组织多是宗亲、商会、文娱组织，举办的活动多以兴趣为主，受众有限，很难发挥较大影响。在新形势下，在非华侨华人组织可考虑结合现实需求以及华侨华人利益，从长远布局，设计和开展一些符合非洲当地实际的宣传中国文化、展示当代中国发展成就与经验的相关活动。侨团组织开展上述活动能够弱化政治性，其活动与传播方式也会较为符合当地特色，可起到事半功倍的效果。同时，展示中国发展成就与经验，宣传当代中国文化的活动也可以增强当地华侨华人的民族自豪感，增强向心力与凝聚力。

三是加强华侨华人组织在宣传、防疫、安保和法律援助等方面的职能，切实维护好在非同胞的利益。一是大力推动华文媒体的发展，加快信息传播速度、优化传播方式，积极讲好中国故事、讲好中非合作故事。二是结合中央方针政策，积极开展抗疫援助，塑造中国在构建人类卫生健康共同体方面的形象。三是在安保方面，鼓励各国华助中心、警民合作中心等组织加强联系与沟通，分享有益经验，对于安全形势恶化的国家，应加强当地华侨华人安保组织的建设，提供必要支持。四是适当成立或者在部分华商组织内设立法律援助部门，帮助华侨华人解决在非洲当地遇到的困难。

3. 华侨华人自身优化

首先，应铸牢中华民族和人类命运共同体意识。当前，大力开展中非合作、推动非洲国家经济和社会进步不仅是非洲国家迫切渴望的现实需求，也是中国推动对非外交提质增效的关键所在。百年未有之大变局下，非洲在中国外交中"基础中的基础"地位凸显，华侨华人在助力非洲发展、构建人类命运共同体方面将发挥更加重要的作用。中非关系的快速发展也为华侨华人在非洲的经营与生活带来了前所未有的契机。因此，在非华侨华人需对新形势下中非关系的未来发展前景有更加清晰而准确的认识，铸牢中华民族和人类命运共同体意识，为全局发展贡献个体力量。

其次，可考虑积极学习外语，加深对当地情况的认识，加强与当地民众的沟通。华侨华人语言能力和水平的提升能够促使其在与当地打交道时更加方便，减少不必要的误会，还能够传播中国文化，真正推动民间人文交流向前发展。一些华侨华人由于怕麻烦、缺少渠道、考虑额外花销等原因对于语言学习较为抵触，但是如果由于语言障碍遇到问题可能造成极大的损失，因此必须高度重视语言学习的重要性，在日常生活中有意识地提升语言能力。

再次，有能力的华侨华人可积极参与非洲当地的公益事业，华商企业积极履行社会责任。由于历史上西方殖民统治的影响，非洲国家在政治等方面的价值理念与西方趋同。在人权、环保、法律等方面，西方国家在非洲参与较多，有较大的话语权和影响力。鼓励华侨华人参与非洲的公益事业，了解非洲的关切与需求，支持华商认真履行社会责任，不授人以柄，在劳工权益保护、生态环境保护方面加大投入，参与一些小而精但影响力大的公益事业，改善华侨华人在当地的形象。

最后，鼓励侨团组织创办者或领导者加强与地方联系，在对非公共外交方面发挥作用。侨领是侨团组织的重要人物，在国内与非洲当地都有较好的人脉资源。这些人通过加强与地方政府的沟通与往来，能够为当地华侨华人争取到较好的发展机会。在遇到危机事件时，侨领通过个人关系的运作，能够较快较好地解决问题，维护在非侨胞的利益。此外，非洲华侨华人所在国的侨领可以通过华侨华人社团来展开活动,调动非洲华侨华人的积极性,让他们主观或客观上成为中国对非公共外交的参与者、支持者和推动者。①

---

① 赵俊:《论非洲华侨华人与中国对非公共外交》,《非洲研究》2013年第1期。

七 推进中非民间人文交流之对策总结

百年未有之大变局下,国际格局加速调整,单边主义、霸权主义对世界和平与发展的威胁依然存在,西方国家在全球范围内遏制中国的趋势持续增强。中国的未来发展面临全新挑战。2020年新冠肺炎疫情暴发,对全球产生了深远的影响。发达国家依靠经济与技术优势,快速开展大规模疫苗接种,已达到较高接种率,而广大发展中国家尤其是非洲地区疫苗接种率较低。截至2021年年底,非洲预计从"新冠肺炎疫苗实施计划"获得共4.7亿剂疫苗,使17%的非洲人口完成接种,但这个数据远远低于全球40%人口年底前完成接种的计划。非洲仍需要4.7亿剂新冠疫苗才能达成这一目标。① 国际格局调整加之疫情影响,南北差异持续拉大,人类命运共同体理念及其重要性得以凸

---

① 《世卫组织非洲区域办事处:非洲面临4.7亿剂疫苗缺口》,《北京日报》2021年9月16日。

显。中国作为最大的发展中国家，非洲作为发展中国家数量最多的大陆，双方拥有共同的历史记忆与发展需求，天然就是命运共同体。因此，中非携手合作，共同助推全球治理体系改革势在必行。受抗击疫情管控措施和国际旅行禁令的影响，中非民间人文交流活动总量和频率都有所下降，这对中非关系长期可持续发展带来负面影响。在当前形势下，我国应统筹布局、长远规划，根据组织类和民众类人文交流的不同特征，采取针对性引导措施，充分发挥不同组织、人员的独特作用，从而有效解决现有问题，推动中非民间人文交流持续深入，夯实中非命运共同体。

（一）改善组织类人文交流的建议

当前，参与中非人文交流的组织类行为体主要分为营利性组织和非营利性组织。受疫情影响，此前在中非交往中非常活跃的旅行社等机构的活动大幅下降，中资企业、媒体机构成为推动中非民间人文交流的主力军。非营利组织方面，近年来，各类半官方组织越发活跃，其积极开展交流活动，并根据情况变化灵活调整议题，探索新兴交流方式，取得了良好效果，形成了规模效应。但在疫情冲击下，许多活动被迫取消或者改为线上举行，使得中非民间的面对面交流受到较大限制和影响。此外，组织类的中非民间人文交流还面临固有局限及国际舆论环境的负面影响，亟须调整并采取相关政策予以解决和应对。

1. 政府层面的扶持与引导

中非人文交流活动虽存在政府主导多、民间参与少的问题，但若想实现增进民间交流、改善民众认知、提升国家形象的良好成效，仅靠民间力量的参与是不够的。加之中非文化具有较大差异以及西方国家在非洲的文化优势，中非民间人文交流需要政府的扶持与引导，以提高民间人文交流活动的频率，提升民间人文交流的层次与质量，进而产生辐射与带动作用，形成规模效应。当前，政府可采取以下措施来推动组织类机构参与中非民间人文交流活动。

第一，机构调整。中非合作进程中，中资企业作为营利性组织的重要行为主体，虽积极参与非洲当地的发展建设，但在落实企业社会责任，改善企业在当地的形象方面有所欠缺。很大一部分中资企业更加重视眼前经济利益，对开展人文交流活动不感兴趣，缺乏长远的发展规划。因此，各类营利性机构可以考虑设立专门机构或派设专员积极落实企业社会责任，提升企业形象，履行企业责任。非营利性组织也可加强对非洲民生事务的关注与投入，设立专门机构对人文交流活动进行策划、组织和跟踪,并对后续效果进行分析和总结。

第二,政策配套。一是要完善与加强立法,对中资企业在非洲当地落实社会责任要有制度保障,对于因企业社会责任履行不到位或在当地造成恶劣影响的企业和机构采取一定的惩罚措施,如取消优惠贷款、限制参与项目等。二是中央和地方政府可根据当地情况,为企业走向非洲民众,深入当地开展人文交流活动出台鼓励和引导政策。三是建立健全、科学、持续与开放的评估机制。例如,英国通过外交部的相关机构对人文交流活动进行科学评估,发表评估报告,并提出相关建议;其还委托社会机构进行调研,了解人文交流在目标国家的成果。这些评估都具有专业性、持续性和针对性。中外人文交流中存在"量增质减""重数量轻质量"现象。一方面,应考虑旧有项目是否能够持续,新增项目是否有足够机制、人力和财政支持;另一方面,应考虑交流合作领域的拓展是否令人文交流内涵变得模糊不清,进而影响真正战略目标的实现。政府应把一些现有项目认真规划好,并提供有力支持,使之具有可持续性,逐渐将一些项目培育成为"品牌"。

第三,资金到位。机构调整与政策配套均需要一定的资金支持。鼓励与引导大型国有企业在非洲履行企业责任、改善企业形象，支持其拨出资金并采取系列举措，如在当地媒体打广告，邀请有影响力的人物或专栏作家撰文，通过当地人讲述中资企业扶持民生、推动当地社会发展的生动故事等。另外，专门设立提升企业形象的部门，为相关工作人员提供资金支持，调动员工积极性，策划和开展企业在当地的人文交流活动。对于非营利性机构，尤其是推动中非文化交流与民间往来的机构，政府可考虑设立中非民间人文交流基金，向效果显著但在疫情下遇到经营困难的项目，如"国际免费午餐"等给予适当资金支持，为项目顺利推进保驾护航，也为中非民间人文交流的可持续发展提供支持。

第四，培训落实。中国商务部、外交部可以和部分高校开展合作，加强对组织类赴非人员的多方培训。一方面，要扩大培训人员的范围。此前政府和企业组织的培训活动多是对管理层的一些培训。考虑到普通工人既缺乏语言能力，又缺乏对非洲当地实际情况的具体认知，政府应引导企业开展对基层员工的行前培训。部分高校还可开设国际组织人才培训班，扩充我国参与非洲人文交流的非营利性组织的人才队伍，真正培养一批熟知国际规则，对传承与维护中非友谊有热情的年轻人。另一方面，要扩展和丰富培训内容。此前的赴非行前培训，企业更加侧重对规章制度、安全防范以及当地风俗习惯的介绍和培训，缺乏对中国国内大政方针、对非政策、中非关系的宣传和普及。未来可以将这类内容加入常规培训，让走出国门的侨胞对中国的现状有基本了解，确保其在与非洲民众交往过程中传递正确的信息。

2. 组织层面的完善与革新

组织类机构是中非民间人文交流的直接参与者与中坚力量，这类行为体举办的交流活动针对性强、影响力大，具有规模效应。各类组织根据自身特点，充分发挥主观能动性，探索与拓展各类人文交流活动将为中非民众互知互识、中非关系走深走实带来重要助益。

一是响应政策。营利性组织与非营利性组织应积极响应中国推动中非合作、构建中非命运共同体的政策导向。根据自身实际情况，设立外宣部门或配备专业外宣干部。加大对员工的培训教育，对中国对非政策、中非友好交往要有充分的认识。组织类机构在设置年度工作任务中，可将履行企业社会责任、推动民间人文交流列为工作目标之一，并以此切实制定相关活动规划、预留活动经费。大型国有企业和半官方的民间交流协会可以作为带头人，先行开展上述改革，再将好的经验总结分享，带动民营企业和其他小型非政府组织参与进来。

二是创新模式。受疫情影响，非营利性组织的民间交流活动受到严格限制，诸多活动转为在线上召开，实际效果仍待考察。对此，应探索更加符合现实需求的民间人文交流形式。一方面，既往举行的研讨会、交流会等活动受众较为固定且有限，应创新交流方式，充分利用新兴媒体、短视频等，吸引广大中非青年加强彼此交流，扩大受众群体。另一方面，应丰富人文交流的内容，不仅局限于文化交流，还应与时俱进加入中非关系发展的新动态等内容，通过形式多元的交流活动深化中非民众感情。例如，中国非洲研究院举办的"中国讲坛"，通过非洲留学生讲述武汉抗疫故事、以篆刻艺术为切入点讲述中国共产党的百年历史等活动，为中非民间人文交流提供了一些新思路。

三是解放思想。民间人文交流与官方交流不同，在形式、规则、内容方面的限制较少。组织类机构作为参与中非民间人文交流活动的中流砥柱，应充分解放思想，不拘泥于人文交流本身，在更加广阔的范围内推进中非交流。组织类机构应将"发展导向"作为中国特色，为非洲提供人文公共产品。中办、国办印发的《关于加强和改进中外人文交流工作的若干意见》中指出，要"积极向国际社会提供人文公共产品，分享我国在扶贫、教育、卫生等领域的经验做法"。① 强调这有利于进一步增加中国的制度性话语权,对促进地区治理、推动全球治理体系变革具有重要的示范引领价值。在今后的中非人文交流中,组织类机构可以考虑将"发展经验"(如与发展相关的观念、知识与技艺)作为对非人文公共产品的重点着力方向。

四是加大投入。推进中非民间人文交流,构建中非命运共同体不仅需要政府的资金投入,也需要组织类机构力所能及的付出。人文交流是一项长远工程,从短期看也许难以获得期望的收效,但持续开展交流活动能够起到的作用不可估量。以中非民间论坛为例,确保会议保质保量定期召开,对于中非从事民间交流活动的人群而言就是极大的鼓舞。因此,组织类机构应看到人文交流的远期效果及长期利益,持续投入资金与支持。

(二)改善民众类人文交流的建议

本报告中涉及的民众类群体主要是指知识界和华侨华人,在疫情导致国际旅行受限的情况下,赴非旅游和文化交流演出团等活动大幅减少,民众类群体成

---

① 《中办国办印发〈关于加强和改进中外人文交流工作的若干意见〉》,《人民日报》2017年12月22日。

为中非民间交流的主力军。由于知识界和华侨华人群体有鲜明独特的群体特征，在新形势下推进此类人员的交流与往来需要采取针对性的建议和意见。

第一，在推进中非民间人文交流中将人民与人民之间的交流放在显著位置。归根结底，人文交流是以人民群众为主体、以人民为主要服务对象的双边交流活动，其目的不仅是促进对方了解自身的文化，更重要的则是为实现"民心相通"。因此，在"人文交流"的概念中，以人为本仍是最核心的内容。它的主体是人民而非政府。人文交流应更多地鼓励民间参与，激发民间活力，减少不必要的政府行为。民众面对面的沟通与接触，是推动人文交流最直接的方式与最有效的办法。据相关研究发现，中国在海外的基础设施项目虽然增进了当地人民的民生福祉，但并未提升其对中国的认可度（甚至有负面效应）。而中国的医疗援助项目却能显著提升当地民众对中国的认可度，这或许是因为医疗领域包含大量真实的人与人之间的直接、公开且有效的交流互动。因此，知识界和华侨华人是开展中非民间人文交流最重要的群体，需要给予其更大支持与投入，为其在非洲开展民间交往活动提供便利与机会。

第二，强化品牌效应，打造民众类人文交流中的精品示范项目。当前，中非知识界和华侨华人已建立与开展了一些知名度高、影响力大、实际收效好的人文交流品牌项目，诸如孔子学院、孔子课堂、鲁班工坊、华侨华人民间外交论坛等，我国应将此类项目向更多非洲国家推进，并在充分调研与科学评估的基础上及时对其进行调整更新，巩固项目优势。当前，中国的人文品牌主要集中在教育领域，未来还可探索在其他领域建立起具有较大影响力的人文产品。要集中精力在文化、教育、青年、旅游、科技五大领域打造品牌，通过优选、创新、重点支持，引导中非民间交流活动从"大而全"向"少而精"转变。

第三，各省市联动，充分调动地方知识界与侨乡资源，与国家层面形成互补。近年来，随着中非关系的快速发展，全国的非洲学术研究机构数量显著增长，国内非洲研究力量逐步壮大。但是，国内各研究机构之间研究重复化、同质化、片面化、碎片化的现象依然存在，没有形成合力。在华侨华人方面，浙江、福建、广东等拥有侨民优势的相关省市也没有较好的利用在非华侨资源。事实上，仅靠政府的力量，中非民间人文交流只能集中于政府间的上层社会，普通民众难以参与到中非民间人文交流中去。因此，应充分调动地方知识界与侨乡政府的积极性，统筹协调，形成合力，为中非双方的人文交流活动注入新鲜血液，努力开创更加活跃多彩的人文交流新局面。

第四，知识界和华侨华人组织开展合作与交流，更好地为中非人文交流提供理论和经验支撑。对非洲研究需要进行顶层设计，统筹规划，在机制、管理、经费等方面为中非联合研究创造更为有利和便利的条件，不断提升研究的质量和水平。具体而言，知识界可通过与国外相关机构（如高校、智库、学会，尤其是中外人文交流研究基地）建立常态化的交流合作机制，以扎实的调研材料和研究成果介绍中国的人文交流；介绍中国的发展经验（如经济体制改革、正确处理政府与市场关系、创新宏观调控、扶贫减贫、基础设施等）；介绍中国参与经济全球化的积极影响以及中国外交中的重要理念等，争取在国际社会形成更多共识，更好地为中外人文交流提供理论和经验支撑。知识界擅长研究与调研，而华侨华人有充分的人文交流实战经验，二者应加强联系与交流，推动知识界提升研究水平，提出有效建议，进而为华侨华人在当地的活动提供建议与参考，实现共赢。

（三）民间人文交流与中非关系的持续发展

从多个角度来看，大力推进中非民间人文交流对中国与非洲双边关系的未来发展意义重大。当前，中非民间人文交流的重要性凸显，面临全新的机遇与挑战。一是中非人文交流对于提升国家软实力至关重要。2017年7月，十九大前夕中央全面深化改革领导小组（深改组）会议审议通过了《关于加强和改进中外人文交流工作的若干意见》。10月，十九大报告中强调要"加强中外人文交流，以我为主、兼收并蓄。推进国际传播能力建设，讲好中国故事，展现真实、立体、全面的中国，提高国家文化软实力"①。由此，人文交流被置于提升软实力的语境下，凸显了人文交流对于中国国家发展的重要意义。二是新冠肺炎疫情给中非民间人文交流活动造成不利影响。疫情后中非人文交流面临许多新障碍。虽然线上会面、远程教学等现代技术手段满足了人们的部分交流需求，但对于旅游、体育等领域的人文交流来说，疫情的负面效应不容小觑。同时，疫情可能会进一步激起民粹主义与逆全球化的思潮与行动，并可能加剧国家内部和国家之间的发展不平等，进而使各国降低人文交流的优先次序。三是中美全面竞争的大背景下，中非民间人文交流对我争取非洲国家支持，携手应对西方霸权具有重要意义。疫情以来，西方国家加大对非洲的关注度，在非洲炒作涉我负面议题，破坏中非传统友谊与中非民间

---

① 习近平：《决胜全面建成小康社会 夺取新时代中国特色社会主义伟大胜利》，《人民日报》2017年10月28日。

的有序交往。因此，我们必须以人类命运共同体理论为出发点，唯实创新，有力推动中非民间人文交流深入发展，为中非关系的可持续发展奠定坚实的民意基础。

第一，推动中非民间人文交流，促进民心相通，为增进中非政治互信与经贸往来提供支持。人文交流合作是国家间合作的第三大支柱，民间人文交流是中非人文交流的中流砥柱。随着中国与非洲各国政治交往与经济合作的日益深入，双边人文交流尤其是民间人文交流在消弭分歧和化解矛盾方面的作用逐步显现。通过人文交流取得共识，可以拓展国际合作的深度和广度，更好地促使人文交流服务国家改革发展和对外战略。

第二，推动中非民间人文交流，提升制度性话语权，携手非洲推动全球治理体系变革。国际话语权是国家文化软实力的重要组成部分。近年来，中国通过"建制""改制"等方式在多边国际制度中的话语权有所上升，但总体而言，软实力的提升仍然与中国在参与全球化进程中所付出的成本和承载的责任不成比例。通过在对非人文交流中提供全球公共产品，如治国理政经验交流、"一带一路"倡议等，深化中国与有关国际组织和机构的交流合作，参与人文领域全球治理，分享我国在扶贫、教育、卫生等领域的经验做法，有利于进一步增加中国的制度性话语权，对促进地区治理、推动全球治理体系变革具有重要的示范引领价值。

第三，推动中非民间人文交流，促进中非文明交流互鉴，在文化"走出去"过程中回应外部关切，讲好中国故事，切实构建中非命运共同体。在对非交往中，中国需要持续创新并增加多边人文交流平台，丰富人文交流的形式和内容，深入推进中国与非洲在文化与文明领域的交流互鉴。与此同时，应该将中国的基本国情、中国特色社会主义价值观、发展道路选择、脱贫经验等通过有效的人文交流切实传递到非洲去，积极回应非洲对我们的需求和关切，进一步讲好中国故事，展现真实、立体、全面的中国，提高国家文化软实力。

第四，推动中非民间人文交流，有力回击西方国家对中国的抹黑和造谣，实现中非在务实合作中互利共赢、共同发展。有效的人文交流将增进民众认知，消除隔阂，拉近彼此距离。扎实推进中非民间人文交流，让非洲民众认识真实的、生动的、发展的中国，从而不惧西方国家炒作的"债务陷阱""中国威胁论""新殖民主义"等话题。以中国经验与发展吸引非洲国家，助推非洲自主能力建设，为中非合作保驾护航，成为世界合作的典范。

参考文献

一 中文文献

(一) 中文专著

《习近平谈治国理政》第2卷,外文出版社2017年版。

《习近平谈治国理政》第3卷,外文出版社2020年版。

陈明昆:《非洲职业教育发展与援助研究》,北京大学出版社2020年版。

黄寿祺、张善文:《周易译注》,上海古籍出版社2007年版。

黄小坚、赵红英、丛月芬:《海外侨胞与抗日战争》,北京出版社1995年版。

李安山:《非洲华侨华人史》,中国华侨出版社2000年版。

李新烽、[南非]格雷戈里·休斯等:《非洲华侨华人报告》,中国社会科学出版社2019年版。

刘海方:《当代非洲华人社会的社团发展及在中非关系

中的作用》，载李安山主编《中国非洲研究评论（2017）》，社会科学文献出版社2017年版。

刘天南、蔡景峰：《中非人文交流：机制、局限与对策》，载李安山主编《中国非洲研究评论（2017）》，社会科学文献出版社2017年版。

刘永涛：《人文交流：概念、视野和运行机制》，载邢丽菊、张骥主编《中外人文交流与新型国际关系构建》，世界知识出版社2019年版。

卢黎歌主编：《新时代推进构建人类命运共同体研究》，人民出版社2019年版。

吕晓莉等：《中国民间外交的基层力量——中国社会组织在民间外交中的作用研究》，中国政法大学出版社2014年版。

马丽蓉等：《丝路学研究——基于中国人文外交的阐释框架》，时事出版社2014年版。

牛长松、武长虹：《中国—南非科学技术领域联合研究调研报告》，载徐薇、刘鸿武主编《中国—南非人文交流发展报告（2018—2019）》，浙江大学出版社2020年版。

秦龙、肖唤元：《人类命运共同体思想的世界政治意义》，载卢黎歌主编《新时代推动构建人类命运共同体研究》，人民出版社2019年版。

陶应虎、顾晓燕主编：《公共关系原理与实务》，清华大学出版社 2006 年版。

王磊：《世界大国（地区）文化外交——英国卷》，世界知识出版社 2013 年版。

吴传华、郭佳、李玉洁：《新时代中非人文交流与合作》，中国社会科学出版社 2018 年版。

邢丽菊：《中外人文交流概论》，世界知识出版社 2021 年版。

徐薇、刘鸿武主编：《中国—南非人文交流发展报告（2018—2019）》，浙江大学出版社 2020 年版。

薛莲：《中国对非洲教育援助研究：以中国—联合国教科文组织信托基金为例》，社会科学文献出版社 2020 年版。

杨晓京等：《亚非地区留学研究——中国派遣亚非非通用语留学生状况与人才战略研究》，社会科学文献出版社 2016 年版。

俞新天：《论新时代中国民间外交》，载张骥、邢丽菊主编《人文化成：中国与周边国家人文交流》，世界知识出版社 2018 年版。

袁立、李其谚、王进杰：《助力非洲工业化——中非合作工业园探索》，中国商务出版社 2019 年版。

袁南生：《走进非洲》，世界知识出版社 2011 年版。

中国教育部国际合作与交流司：《新世纪中国与非洲教育交流与合作的回顾与展望》，载张宏明主编《非洲发展报告（2011—2012）》，社会科学文献出版社 2012 年版。

［法］巴帕·易卜希马·谢克：《法国在非洲的文化战略：从 1817 年到 1960 年的殖民教育》，邓皓琛译，商务印书馆 2020 年版。

（二）中文文章

习近平：《迈向命运共同体　开创亚洲新未来》，《人民日报》2015 年 3 月 29 日。

习近平：《携手建设更加美好的世界》，《人民日报》2017 年 12 月 2 日。

习近平：《共创中韩合作未来　同襄亚洲振兴繁荣》，《人民日报》2014 年 7 月 5 日。

习近平：《决胜全面建成小康社会　夺取新时代中国特色社会主义伟大胜利》，《人民日报》2017 年 10 月 28 日。

习近平：《开启中非合作共赢、共同发展的新时代》，《人民日报》2015 年 12 月 5 日。

习近平：《深化文明交流互鉴　共建亚洲命运共同体》，《人民日报》2019 年 5 月 16 日。

习近平：《同舟共济，继往开来，携手构建新时代中非命运共同体》，《人民日报》2021 年 11 月 30 日。

习近平：《携手共命运　同心促发展》，《人民日报》2018 年 9 月 4 日。

习近平:《携手构建合作共赢新伙伴 同心打造人类命运共同体》,《人民日报》2015年9月29日。

习近平:《永远做可靠朋友和真诚伙伴》,《人民日报》2013年3月26日。

习近平:《顺应时代前进潮流 促进世界和平发展》,《人民日报》2013年3月25日。

《习近平接受拉美三国媒体联合书面采访》,《人民日报》2013年6月1日。

《习近平向中国非洲研究院成立致贺信》,《人民日报》2019年4月10日。

陈嘉雷:《探索中非文化交流合作新路径——中非文化合作交流示范区建设研讨会综述》,《非洲研究》2018年第2期。

程伟华:《中国对非洲智力援助:理论、成效与对策》,博士学位论文,南京农业大学,2012年。

戴锋宁:《非政府组织在美国对外战略中的作用浅析》,《中国人民大学学报》2020年第4期。

邓莉:《巴西加强与非洲的高等教育合作》,《世界教育信息》2013年第14期。

范桂芬:《凝聚民间力量构建更加紧密的中非命运共同体——第五届中非民间论坛综述》,《当代世界》2018年第8期。

冯佐库:《中非友协对非民间外交工作的回顾》,载

《公共外交季刊》2012年第3期。

郭晶、吴应辉：《孔子学院发展量化研究（2015—2017）》，《云南师范大学学报》（哲学社会科学版）2018年第5期。

郝平：《中美新型大国关系的铺路石》，《人民日报》2015年6月18日。

胡锦涛：《坚定不移沿着中国特色社会主义道路前进 为全面建成小康社会而奋斗》，《人民日报》2012年11月18日。

黄浩、赵国杰：《美国非营利组织国际化发展现状与趋势》，《中国行政管理》2014年第3期。

黄炬、刘同舫：《马克思共同体思想的现实超越性》，《河海大学学报》（哲学社会科学版）2017年第5期。

黄智春：《试析非洲华侨华人在"一带一路"倡议推进中的作用》，《四川省社会主义学院学报》2020年第3期。

金正昆、朱凌昆：《试论中非关系中的侨务公共外交》，《暨南学报》（哲学社会科学版）2016年第12期。

景兆玺：《试论唐代的中非交通》，《西北第二民族学院学报》（哲学社会科学版）2000年第2期。

亢升、郝荣：《印度对非洲文化外交及对中国的启示》，《印度洋经济体研究》2016年第1期。

李安山：《民间交往：中非合作的基石》，《对外传播》

2016年第5期。

李安山：《试析非洲华人报刊的历史演变与社会功能》，《华侨华人历史研究》2001年第3期。

李安山：《中非合作的基础：民间交往的历史、成就与特点》，《西亚非洲》2015年第3期。

李新烽、李玉洁：《新面孔与新变革：中国媒体改变非洲传媒格局》，《湖南师范大学学报》（社会科学版）2018年第3期。

刘宝利：《中国教育交流蓬勃发展》，《人民日报》2006年9月21日。

刘秉栋、楼世洲：《非洲2030教育可持续发展目标》，《中国社会科学报》2017年6月22日。

刘亚西、陈明昆：《"一带一路"倡议下的中非教育合作：内涵、类型与特征》，《教育与职业》2019年第11期。

刘贞晔：《非政府组织及其非传统外交效应》，《国际观察》2012年第5期。

刘祖尧：《中美企业社会责任对比研究——以阿里巴巴和英特尔为例》，《现代营销》（学苑版）2021年第6期。

卢嘉、戴佳：《国际主流电视媒体在非洲的发展策略探析》，《对外传播》2015年第7期。

桑颖：《美国对外援助中的私人志愿组织》，博士学位论文，中央党校，2010年。

沈健：《美国跨国企业本土化中的企业文化管理启示》，《中外企业家》2013年第22期。

田小红、程媛媛：《印度对非高等教育合作的路径、特点及对中非高等教育合作的启示》，《比较教育研究》2020年第1期。

万秀兰：《非洲高等教育国际化的特点分析》，《比较教育研究》2012年第6期。

汪雨雨、卢晨、张辉：《日本对外援助中的非政府组织：运行机制及对中国的启示》，《新经济》2019年第8期。

王婷婷：《企业社会责任的法律规制》，《人民论坛》2017年第5期。

邢丽菊：《推进"一带一路"人文交流：困难与应对》，《国际问题研究》2016年第6期。

邢丽菊：《新时期中国外交思想的传统文化内涵》，《国际问题研究》2015年第3期。

徐海娜：《休戚与共，合作共赢，共建中非命运共同体——第四届中非民间论坛侧记》，《当代世界》2015年第10期。

徐薇：《华侨华人在非洲的困境与前景展望》，《东南亚研究》2014年第1期。

殷悦：《中国和法国在非洲开展三方合作问题初探》，

《国际研究参考》2016年第1期。

余蓝：《美非"下一代学术人才"项目述评——兼谈对中非高等教育合作的启示》，《西亚非洲》2014年第2期。

张军广、楼世洲：《赢得青年就赢得未来：欧盟对非教育援助新理念——基于2017年"非—欧峰会"主题的分析》，《比较教育研究》2018年第12期。

张梦颖：《非洲华侨华人形象的历史演变与提升》，《陕西师范大学学报》（哲学社会科学版）2019年第6期。

张永宏、赵孟清：《印度对非洲科技合作：重点领域、运行机制及战略取向分析》，《南亚研究季刊》2015年第4期。

赵俊：《论非洲华侨华人与中国对非公共外交》，《非洲研究》2013年第1期。

赵雅婷：《新冠肺炎疫情冲击下的非洲发展治理与中国角色》，《中国非洲学刊》2021年第1期。

赵志旻、赵世奎等：《共同体的界定、内涵及其生成——共同体研究综述》，《科学学与科学技术管理》2010年第10期。

钟龙彪：《保护中国公民海外安全与权益研究综述》，《求知》2011年第11期。

庄晨燕、李阳：《融入抑或隔离：坦桑尼亚华商与当地社会日常互动研究》,《世界民族》2017年第2期。

王珩、王丽君:《非洲智库发展与中非智库合作现状》,《中国社会科学报》2020年6月14日。

王珩、于桂章:《谱写中非智库合作新篇章》,《中国社会科学报》2018年9月13日。

中国教育部国际合作与交流司:《中非教育合作:发展经济,育人为先》,《人民日报》2000年9月12日。

《世卫组织非洲区域办事处:非洲面临4.7亿剂疫苗缺口》,《北京日报》2021年9月16日。

《我市在非洲建设12个鲁班工坊》,《天津日报》2021年11月30日。

(三) 中文网络文献

《教育数据:2019年全国来华留学生数据发布》,山东教育网,2020年2月28日,http://www.jxdx.org.cn/gnjy/14176.html。

《孔子学院未更名 改由基金会运行符合国际惯例》,中国新闻网,2020年7月6日,https://www.chinanews.com.cn/gn/2020/07-06/9230535.shtml。

《商务部:前9月中非贸易额1852亿美元 达历史同期最高》,人民网,2021年11月17日,http://finance.people.com.cn/n1/2021/1117/c1004-32284858.html。

石志宏:《"国际免费午餐"项目助力中非"民心相通"》,

非洲研究小组，2021年11月20日，https：//mp. weixin. qq. com/s/dEpMCi6MhW6_ PNIea88gCQ。

《首届中非民间论坛在肯尼亚首都内罗毕开幕》，中华人民共和国国务院新闻办公室网站，2011年8月30日，http：//www. scio. gov. cn/m/hzjl/zxbd/wz/Document/995055/995055. htm。

《外交部：携手打造文化共兴的中非命运共同体》，中华人民共和国中央政府网站，2020年10月27日，http：//www. gov. cn/xinwen/2020-10/27/content_ 5555161. htm。

《"万村通"案例入选〈中国企业投资非洲报告——市场力量与民营角色〉》，四达时代官网，2021年11月30日，https：//www. startimes. com. cn/2021/11/6964. html。

《新时代的中非合作》，新华网，2021年11月26日，http：//www. news. cn/world/2021-11/26/c_ 1128101798. htm。

赵雅婷：《"中国之治"助力构建中非命运共同体》，中国社会科学网，2021年6月21日，http：//www. cssn. cn/gjgxx/gj_ bwsf/202106/t20210621_ 5341286. shtml。

《支持非洲发展是国际社会共同责任》，光明网，2021年1月13日，https：//m. gmw. cn/baijia/2021-01/

13/1302031073. html。

《中非合作论坛第八届部长级会议达喀尔宣言（全文）》，中华人民共和国外交部网站，2021年12月2日，https：//www. mfa. gov. cn/wjbzhd/202112/t20211202_ 10461066. shtml。

《中非青年对话回顾：保护生物多样性，除了热情还需要什么？》，自然之友官方网站，2020年9月1日，http：//www. fon. org. cn/action/area/content/183。

《中共首提"人类命运共同体" 倡导和平发展共同发展》，人民网，2012年11月11日，http：//cpc. people. com. cn/18/n/2012/1111/c350825-19539441. html。

《中国的对外援助（2014）》白皮书（全文），中华人民共和国商务部网站，2014年12月5日，http：// yws. mofcom. gov. cn/article/m/policies/201412/20141 200822172. shtml。

二 英文文献

Barbara Rugendyke, *NGOs as Advocates for Development in Globalizing World*, London：Routledge，2007.

Hamisu Muhammad："Nigeria：Country Loses 160 Textile Companies", May 2，2007，https：//allafrica. com/

stories/200705020253. html.

Robert F. Gorman ed. , *Private Voluntary Organizations as Agents of Development*, Boulder, Colo. : Westview Press, 1984.

Thabo Mbeki, "Address at the Launch of SABC News International", July 20, 2021, http://www. anc. org. za/show. php? id = 4295.

World Data Lab, "African Poverty Clock", December 20, 2020, https://worldpoverty. io/map.

赵雅婷，法学博士、政治学博士，中国社会科学院西亚非洲研究所、中国非洲研究院助理研究员。2007—2017年就读于中国人民大学国际关系学院，分别获得法学学士、硕士与博士学位。2014年9月—2015年6月受国家留学基金委资助前往比利时布鲁塞尔自由大学进行联合培养，于2017年6月获得政治学博士学位。主要研究领域为非洲国际关系、非洲发展问题，侧重中非关系、欧非关系以及国际对非援助研究。出版专著《21世纪欧盟对非洲援助的政治导向研究》、国家智库报告《欧盟对非洲政策研究》，在《教学与研究》《国际论坛》《当代世界》《中东研究》等期刊发表学术论文十余篇，参与多项国家社科基金项目及部委交办课题。